大学英语教学的方法与模式研究

南春萍◎著

中国原子能出版社

图书在版编目（CIP）数据

大学英语教学的方法与模式研究 / 南春萍著．-- 北京：中国原子能出版社，2022.9

ISBN 978-7-5221-2170-3

Ⅰ．①大… Ⅱ．①南… Ⅲ．①英语－教学模式－研究－高等学校 Ⅳ．① H319.3

中国版本图书馆 CIP 数据核字（2022）第 187604 号

大学英语教学的方法与模式研究

出版发行	中国原子能出版社（北京市海淀区阜成路 43 号　100048）
责任编辑	杨晓宇
责任印制	赵　明
印　　刷	北京天恒嘉业印刷有限公司
经　　销	全国新华书店
开　　本	787 mm×1092 mm　　1/16
印　　张	13
字　　数	189 千字
版　　次	2022 年 9 月第 1 版　　2022 年 9 月第 1 次印刷
书　　号	ISBN 978-7-5221-2170-3　　定　价　72.00 元

作者简介

南春萍　女，1981年2月出生，河北省秦皇岛人。菲律宾德拉萨大学英语语言博士在读，任职于东北石油大学秦皇岛校区基础部。2005年至今，累计发表论文20余篇，其中核心期刊1篇、ISTP检索6篇。主持并参与省级及厅局级项目10余项，组织并参与编写教材6部，获得实用新型专利2项。具有托福英语培训教学经历，兼具中级社工师、国际汉语教师资格。

前　言

　　当今世界正处在大发展、大变革、大调整时期，世界正朝着政治多极化、经济全球化的方向深入发展。科技进步日新月异、文化交流日益频繁、人才竞争日趋激烈，面对如此巨大的机遇和挑战，我国的高等教育要培养大批具有国际视野、通晓国际规则、能够参与国际事务和国际竞争的国际化人才。因此，当代的大学英语教学已不能仅仅满足于教会学生外语以利于他们学习国外先进科学技术的目的，而是要引导学生将外语作为国际通用语来传播中国思想、学术、文化，提高中国的国际话语权，开拓世界市场。此外，在信息技术与互联网发展日新月异的今天，"互联网＋"也深刻影响着我们的生活习惯、思维方式、经济模式等，促使知识学习、获得、产生的方式发生着变化，这无疑又给高等教育带来了更大的冲击、挑战和机遇。正因为英语在国家发展中具有如此重要的地位，大学英语教学已成为我国高等教育的重要组成部分。

　　大学英语教学改革实施以来，取得了显著的成果。但是随着国家需求、社会需求和学生需求的变化，大学英语教学需要进一步的创新和突破，因此对大学英语教学方法与模式进行研究，就显得尤为重要。

　　本书共五章。第一章为大学英语教学理论基础，主要介绍了英语教学的目标与内涵、英语教学的基础知识内容、英语教学的其他学科理论；第二章分析了大学英语教学现状，主要内容为教师的授课方法与授课内容、学生的学习观念与学习困难、高校的教学环境与教学评价；第三章介绍了大学英语教学中学生能力培养要点，包括英语听力能力、英语口语能力、英语阅读能力、英语写作能力、英语翻译能力；第四章为大学英语的主要教学方法，主要介绍了交际教学法、情境教学法、任务教学法、内容教学法、语法翻译法、过程体裁法、听说法、产出导向法等英语教学方法；第五章内容主要是信息时代的新型教学模式，主要介绍了"微课"与"慕课"、ESP 教学模式、跨文化教学模式、5E 教学模式等新型高校英语教学模式。

在撰写本书的过程中，作者得到了许多专家学者的帮助和指导，参考了大量的学术文献，在此表示真诚的感谢。本书内容系统全面，论述条理清晰、深入浅出，但由于作者水平有限，书中难免会有疏漏之处，希望广大同行批评指正。

作者

目　　录

第一章　大学英语教学理论基础

本章为全书第一章，主要介绍了大学英语教学理论基础，分别从英语教学的目标与内涵、英语教学的基础知识内容、英语教学的其他学科理论三个方面进行论述。

第一节　英语教学的目标与内涵

一、英语教学的目标

（一）培养跨文化交流能力

在英语教学改革不断深入的今天，发展学生交际能力的认识已日益深入人心。因此，加强对学生口语交际能力的训练已成为我国外语教学界共同关注的一个焦点。近年来，许多高校相继开设了英语口语课程，以适应社会发展需要。这无疑给广大师生带来了福音。但是在英语教学的实践中可以发现，虽然教师花了很大的精力去训练学生的听说读写等语言技能，但是教学的效果还不够显著。目前围绕"听、说、读、写、译"语言技能训练而编写的教材和采取的教学方法都存在一些问题。严格来说，当前大学英语教学尚未打破语言知识掌握与语言技巧培养的框架，学生学习和获取的英语知识依然停留在语言的表面。

英语教学如果只强调语言技能的训练，对于学习者英语水平的发展是远远不够的，同时还必须强调学生英语交际能力的培养。因为任何一项工作都需要运用一定的方法去实现，而交际则是人类最基本的交往形式之一。交际水平的好坏直接关系到一个人是否能够成功地完成某项任务或从事某种职业。交际水平反映了一个人语言能力的高低，而交际水平又与这个人的语言能力、所处的社会文化及语境有密切的关系，因此它也是衡量一个人是否具备一定的适应能力和实践技巧的重要标准之一。因此，若想有效地提升学习者的交际水平，英语教学除了需要向学生传授相关语言知识与组织学生进行语言技能活动外，还需要强化学习者进行跨文化因素活动时语言水平与语言使用技巧方面的专项训练，从而提升其具体社会文化情境下的跨文化交流能力。

培养学习者能够进行不同文化间的交际就是英语教育的意义所在。英语教学存在的意义就是为文化间的交流打下坚实的基础。首先，学习者要先熟悉英语文化，然后将自己所掌握的知识在一定的环境中进行转变，同时，还要坚决地、主动地学习好不同文化的相关内容，并能深度掌握、灵活运用。然而英语和中文之间的差别还是很大的，同时，在进行英语学习的时候会面临文化差异所产生的难题。为了解决这些难题，在开展英语教学时就一定要加强文化方面的教学，即在教学过程中，相应地进行英语相关语言历史背景的教学。站在英语教学的立场来看，要想达到英语教学的最终目的，先要将语言知识以及语言技能等教授给学生。

（二）帮助学生理解英语

英语教学不在于教会学生做某件事情，而在于拓展学生的思维活动和获取新的知识。教师的使命就是为学生提供一定数量的知识。而这些"知识"的获得，又必须通过一定的途径才能实现。学习语言通常有两种常用途径：学习语言和学习有关语言的知识。前者包括语法、词汇以及一些基本句型，后者则涉及如何使用这些单词和短语，这里的知识指语言的特征及其应用。语言知识是"懂英语"的基础。它不仅说明学英语就意味着学习关于语言方面的东西，而且还说明学习者要会说这门语言。两种解读，其实代表着两种截然不同的教学模式。

从第一种模式的角度来讲，学习知识只让学生理解和记忆即可，而没必要让学生去进行实际的操练和实践，其重点是心理活动。从第二种模式的角度来讲，学生不仅要理解和记忆所学的知识，还要学会实际的语言运用技能，学会把所学的知识运用到实际语言交际中去。同时，还要学会在一定的文化语境中，即在目标语文化中，从事所要进行的交际活动和学会语言要完成的交际功能，以及所要运用的语言知识。这样，教学的目标可以有两种：使学生学会有关语言的知识和使学生会讲这种语言。

二、英语教学的内涵

（一）英语教学的定义

作为一门外语，缺少一定的语言使用环境和使用对象会给英语教学带来一定的困难。

英语教学能对学习者的英语水平以及语言运用能力产生直接的影响。英语教学属于教育活动的范畴。对于教师来说，教学就是指导学生学习相关知识的教育活动，对于学生来说，教学就是在教师指导下学习相关知识的学习活动。学生能不能获得发展，是教学能不能达到目的的关键所在。教学是教师与学生共同达成预定目标的双边统一活动过程。因此，英语教学中最重要的就是要通过各种途径调动学生的积极性，让他们积极主动地参与到英语教学活动中来。具体而言，英语教学的内涵主要有以下三个方面。

第一，英语教学是一种目标明确的活动。英语教学的任务就是要使学生获得一定的语言知识和技能，发展他们运用语言进行交际的能力。英语作为一门工具学科，其主要功能之一就在于培养学生应用语言进行实际交流的能力。英语教学在不同阶段有不同的教学目标和任务，而教学目标又可以根据不同领域和层次的教学要求来制定。

第二，英语教学具有系统性、计划性的特点。系统性，是指英语作为一门语言学科具有自己特有的体系。从语言学角度来说，它不仅包括了听、说、读、写四项基本技能，而且还包含了思维方式与方法、情感态度和价值观等内容。这一系统性主要表现在它的制定者大多是教育行政机构、教研部门以及学校教学管理者等。英语教学中的计划性是指有计划地讲授英语基础知识。例如，英语语音、词汇、语法、写作、阅读等特定知识与技能。

第三，英语教学需采用合理的教学方法与教育技术。英语教学在其深厚的历史积淀过程中形成了许多行之有效的方法。这些方法都有其独特的优势，在一定程度上促进了英语教学质量的提高。现代科学技术特别是信息技术的进步给英语教学带来了许多可以借助的多元化教育技术。

综上所述，作者对英语教学内涵作了以下归纳：教师根据一定的英语教学目的、教学目标和教学任务，开展一些有计划、有目的的系统性教学活动，并借助一定的手段和技巧，以传统教学和现代教学相结合的方式，让学生在掌握英语知识的基础上，促使学生整体素质提高的一种教与学相统一的教育活动。

（二）英语教育的本质

就教育内容而言，英语教育不仅是一种语言教育也是一种文化教育。

英语是一门语言，英语教育也是这门语言教育的产物。一般情况下，语言教育的目的应该是发展学生的语言应用能力。通过学语言而专攻该门语言知识者并不是为了用语言而学语言，而是为了学语言知识而研究现在已不常用的某些语言，如古希腊语和古汉语等。

对中国人而言，英语就是外语，英语教育也就是外语教育。纵观人类外语教育发展史，外语教育与外语知识教育密不可分，建立在外语知识基础上的外语教育对培养学生的外语运用能力是有益的。我国英语教学在几十年的改革中取得了很大成就，但是仍然存在许多问题。随着时代的进步和社会经济文化水平的提高，人们对外语教学提出了更高的要求。所以英语教育作为一种语言教育，其实质应是对学生进行英语综合应用能力的培养。

另外，英语并不只是一门语言，更是人类文化最主要的载体之一。随着社会经济的发展和国际交往日益频繁，在世界各国文化交流中，英语教学起着越来越重要的作用。外语教学不仅要教授学生基本的语法、词汇等知识，而且还要培养学生用外语进行交际的能力。所以英语教育也是一种文化教育。

（三）英语教学的要素分析

教学是由各种元素构成的一个庞大的系统。它包括教师、教材、教法和学生等。英语教学的元素可以分为实体和非实体两个方面。

实体的元素一般指的是在英语教学过程中所涉及的主体及工具等，如教师、学生以及其他教学媒介等。英语教学作为我国的"第二外语教学"，其核心就是通过课堂教学活动使学生掌握英语知识和技能。而英语作为一门语言学科，本身具有极强的实践性和应用性，这就要求在进行英语教学时必须要重视培养学生的自主学习能力，从而为学生以后的发展奠定基础。教师是英语教学的指导者和引导者，直接影响着学生的英语水平。

学生则是整个教学系统中不可缺少的基本要素。要提高课堂教学效果，就必须调动一切积极因素，充分发挥学生在教学活动中的主体作用。为此，教学媒介对提高教学质量起着至关重要的作用，如教材和教具以及其他设施的使用都会对学生的英语水平产生积极的影响。

在非实体视角下，教学要素包括教学目标、教学内容、教学方法、教学评价、学生学习能力、学生思想道德情况、教师教学水平和学校校风等。

第二节　英语教学的基础知识内容

一直以来，国家教育部门对大学英语教学的内容非常重视，并且不断在完善与发展。因此，本节顺应时代潮流与英语教学发展的规律，对大学英语教学的基本内容进行梳理。

一、语言知识

学习一种语言是以语音、词汇、语法、语篇和功能的学习为基础的，英语的语言学习也不例外。其中最基本的就是英语听力和阅读能力。而大学英语教学更是为国家输送优秀人才提供了坚实保证，因此提高教学质量势在必行。学习英语不仅需要掌握扎实的基础知识，更重要的是要具备一定的综合语言能力。二者之间相辅相成，缺一不可。大学生想要熟练地使用英语这门语言首先就要很好地掌握语言知识。

二、语言技能

大学生在学习语言知识的同时，也要学习英语语言五大技能——听、说、读、写、译。

听力技能训练是为了提高大学生对话语含义的理解能力和分析能力。

口语技能训练是为了让大学生在交流过程中能够准确地表达出自己的想法和观点，并能将这些想法和观点转化为文字或其他形式的信息，从而帮助他们更好地获取外界的信息，同时还可以丰富他们的已知信息，使他们更加全面地表达出自身思想。

阅读技能训练是为了提高大学生对语言内容的辨认和理解能力。

写作技能训练是为了让大学生能够用书面形式表达自己的想法和观点，并在此基础上获取更多的已知信息来丰富自身思想。

翻译技能训练是通过对信息的输入与输出能力培养，提高大学生的综合能力。

听、说、读、写、译为大学生综合运用能力提供了依据，培养这五种能力才能确保他们在具体交际实践时能够游刃有余。

三、文化意识

语言和文化是紧密联系在一起的，在学习语言的过程中并不能脱离对于文化的学习。语言教学和文化教学是相辅相成的，语言教学要注重其思想性和人文性。随着我国经济建设水平的不断提高，社会对于人才的要求也越来越高，而大学英语教学是培养学生综合能力的重要手段。英语是世界上使用最广泛的语言之一，它包含着丰富的文化知识，反映了西方国家的地理历史、风土人情和生活习惯等。

具体教学时，应注意两点。

第一，教师应该根据大学生的心理需求和认知能力，帮助大学生掌握一定的文化知识，以此为基础不断提高大学生的文化意识，进而使他们的文化视野进一步拓宽。

第二，教师在指导大学生学习西方文化时，要对西方文化知识进行甄别，不能盲目引入文化知识，避免学生们出现崇洋媚外的现象。

四、学习策略

学习策略是学生为了学好语言知识所采取的方法和步骤。在英语语言学习中，学习策略有很多，如情感策略、调控策略、认知策略等。大学生只有培养自身的学习策略，才能更好地开展英语学习，提升自身的英语能力。具体而言，学习策略的意义体现为以下两点。

（1）大学生运用正确的学习策略有助于提升学习效率、养成良好的学习习惯。

（2）大学生运用正确的学习策略有助于改进学习方式，减少学习中遇到的困难，即使遇到困难也会找到合适的解决方式，最终提升学习效果。在大学英语教学中，教师应该引导大学生发现和培养自身的学习策略，对自己的学习过程进行监控，一旦大学生在学习中遇到问题，他们将能够调整自己的学习策略，提高学习效率。

第三节　英语教学的其他学科理论

一、多元智能理论

（一）多元智能理论的概念

霍华德·加德纳（Howard Gardner）是美国著名心理学家、教育学家，毕生在心理学、教育学、生理学和艺术教育等领域进行钻研，他首先提出了多元智能理论，指出每个个体的思维是多元的，个体感知世界的方法也是不尽相同的❶。随即多元智能理论在全世界范围传播开来，并受到广泛的关注和追捧。传统意义上的智能指的是迅速学习的能力、解决问题的能力、寻求特定答案的能力，或者是人类个体的综合能力，尤其是指在学校中表现出色所需要的能力。

因为毕生钻研个体拥有的隐性能力，在经过多次实验后，加德纳对智能作了以下定义：人类在制造产品或者解决问题时表现出来的，被多种文化环境所注重的能力，又或者说，创造产品或者是解决问题的能力对于特定的社会和文化环境

---

❶ 吴伟.多元智能理论下构建大学英语教学新模式[J].校园英语，2020（3）：1.

来说具有非常重要的价值❶。这种能够使问题得到处理和解决的能力，实际就是找到一个目的地，并且能迅速找出通往这个目的地的有效路径的能力，如若要创造一定的文化产品，就要求创造者具有一定的知识习得、表达和扩散能力等。

在这一新的智能定义下，加德纳提出了让全世界教育者都为之震惊的多元智能理论。多元智能理论一提出便风靡世界各地。他提出：多元智能指的是个体在解决遇到的难题或者是创造及生产有效产品所需要的能力，多元智能的性质和基本结构都是多元的❷，也就是说，多元智能是一组能力而不是单一的一种能力，多元智能的各种能力是相对独立的，而不是整合在一起的。

（二）多元智能理论的内容

多元智能理论指出：所有学习者智能结合的形式各不相同，而且，不同学习者之间整合的智能存在差异，每一个学习者具有各自的强势智能与弱势智能，从而创造出学习者智能的特征，而智能特征的差异又形成学习方法与学习进度上的差异，继而导致学习效果的差异。

多元智能理论指导下的教学打破了传统智能一元论的思维定式，他把人的智能分为八种类型：语言智能、空间智能、数理逻辑智能、音乐智能、身体运动智能、自我认识智能、人际关系智能和自然认识智能等。加德纳认为智能由八个因素构成，并指出每一个个体智能并不是单一的，而是具有多元性的，个体智能优势或劣势组合各不相同。

1. 语言智能

语言智能（亦称言语智能）是指能在口头语与书面语中清楚地表达自己的思想和意图并使之被人们所认识的本领。包括语音识别、语义分析、句法结构分析判断等方面的能力；还包括个体借助语言建构思维并转化为语言输出的能力和欣赏语言深层内涵的能力。可以流利地、畅通无阻地同别人沟通，可以清楚准确地向他人描述事件等均为语言智能中显性的特征。如主持人、记者、推销员、教师

---

❶ 王樱. 多元智能理论指导英语分层教学 [J]. 教育，2019（39）：87.

❷ 李曦. 多元智能理论下构建大学英语教学新模式 [J]. 湖南科技学院学报，2016，37（03）：156–158.

等等，这些职业都需要具有较高水平的语言智能人才担任。

2. 数理逻辑智能

个体对数字的运用、进行逻辑分析与推理的能力叫作数理逻辑智能，它也体现为对数字的运算、统计、量化以及对问题的思考辨别能力，并可以根据问题进行分析与推断。这一能力可由个体对于事物的敏感性来体现，如各事物间是否存在一定的联系，各联系间的相关性与对比性及实物间有无因果与逻辑关系。还可借助数理运算、逻辑推理的手段来表达。在现实生活中，我们每天都要面对大量的数据信息，如何有效地利用这些信息并做出正确决策就成了一个重要的研究课题。随着科学技术的发展，越来越多的人将会从事计算工作，如会计师、统计分析师、办案刑警、电脑编程员等等，这些职业要求从业人员要具备较高的数理逻辑智能水平。

3. 空间智能

空间智能，是指个体在视觉刺激下正确地理解和知觉事物外部特征（如色彩、位置、形状、尺寸等视觉性、空间性的信息要素），并能将这种理解正确地输出。空间智能包括对外部形状、尺寸、表面颜色以及位置结构等方面的识别与判断的能力。在人类社会中，具有一定的空间认知能力是人生存发展的必要条件之一，如装修设计师、画师、船长、宇航员以及相关专业的从业者，均需要具备较高的空间智能水平。

4. 身体运动智能

身体运动智能，是指通过肢体动作、面部表情及其他细微的动作语言来表现自身情感与思想，并能通过自身调节对某一物体进行操作的能力。它包括了对个体身体平衡能力、肢体协调能力及灵活性等方面的要求。身体运动智能水平高的人往往能用简单的肢体语言表达更多复杂的信息。它不仅可以帮助人们更好地了解自己、认识他人，而且还能使人更加快乐地生活。舞蹈演员、运动员、杂技表演者、户外爱好者、体育教师等职业对从业者的身体运动智能要求很高。

5. 自我认识智能

自我认识智能指个体认识自己、理解自己、觉察自己、知觉自己、反思自己的能力，并能根据自我认知的基础作出相应的反应。具有高度自我认识智能的人，大都能对自己做事情的最初目的、情感以及自己的特点等进行正确而理性的理解与反思。电视编剧、教师、策划、企宣、心理咨询师等职业要求从业者具有高水平的自我认识智能能力。

6. 自然认识智能

自然认识智能，是指个体感知自然界和认识自然的能力。农民、猎手、游牧者、气象观测员、环境监测员、地质考察员、园艺师等职业对从业者的自然认识智能要求很高。

7. 音乐智能

音乐智能指的是个体具备认识音乐、分辨音乐、感受音乐、记忆音乐、转换音乐并表达音乐的能力。个体音乐智能水平表现为对于自己所听到的音乐中的音色、音高、音长、节奏及旋律等音乐要素是否敏感，敏感度越高代表音乐智能水平越高。音乐智能水平较高的人往往喜欢通过演奏与演唱、谱曲来抒发自己的情绪。如歌手、编曲、器乐演奏、乐队指挥、歌曲点评人、音响师等职业对从业者的音乐智能有很高的要求。

8. 人际关系智能

指对他人的表情、说话、手势动作的敏感程度以及对此作出有效反应的能力，表现为个人能觉察体验他人的情绪情感并作出适当的反应。

二、合作学习理论

（一）合作学习理论的内涵

合作学习于 20 世纪 70 年代在美国兴起，迄今已有 30 多年的历史了。但由于合作学习在不同国家的实践各不相同，各个国家对合作学习的阐释也不尽相同，如苏联称"合作学习"为"合作的教育学"，欧美国家称之为"合作授课"，我国则称之为"合作教学"等。合作学习（cooperative learning 或 collaborative learning）又称协作学习，以研究与利用课堂教学中的人际关系为基点，以师生、生生、师师合作作为基本动力，以小组活动为基本教学方式，以团体成绩为评价标准，以标准参照评价为基本手段，以大面积提高学生的学习成绩、改善班级内的社会心理气氛、形成学生良好的心理品质和社会技能为根本目标，是一种极富创意与实效的教学理论与策略体系。合作学习作为对传统教学组织形式的一种突破和补充，已经被教师越来越广泛地运用于以学生发展为本的课堂教学之中，这也是新一轮课程改革所倡导的自主、探索与合作的学习方式。如何有效地组织学生开展合作学习是目前普遍关注的热点问题。

虽然每个学者对于合作学习的认识不是完全相同，但是他们都认为合作学习是通过学生之间相互合作和互动的一种教学活动。当然还有以师生之间的交流以及教师之间的交流为特征的合作学习。合作学习的要求如下：

（1）合作小组之间相互信任，能够共同努力。

（2）小组成员之间进行面对面的交流，能够直接进行互动。

（3）每个个体都要承担起自己在小组中的责任。

（4）运用各种合作技能，在合作中充分运用自己的组织能力、交流能力等。

（5）每个小组成员要经常对自己进行反思，以达到更好的合作效果。

通过前面的论述，可以将合作学习理解为：课堂教学中，学生以小组为单位，小组成员共同努力来完成学习目标。合作学习的侧重点就是相互合作，并且在教学活动中以学生为中心，以学生的个人认知和发展、自我指导等因素为出发点，通过合作的形式，让学生获取他人的优点来弥补自己的不足，并且在合作的过程中各自都得到满足，共同提高。

（二）合作学习的理论基础

合作学习被许多国家认可，最主要的原因就是合作学习的理论基础非常坚实。它的基础就是社会学和心理学等学科，本书接下来就论述合作学习的理论基础。

1. 社会互赖理论

社会互赖理论的研究最早出现在 20 世纪初期，考夫卡（Koffka）认为，群体为成员之间的互赖性的变化提供一定的动力。考夫卡的同事对于考夫卡的观点进行了解释 ❶：

（1）群体成员之间的"动力整体"的互赖性从根本上是群体形成的，在这个整体中，无论是哪一个成员发生变化，都会引起其他成员的变化。

（2）成员之间如果处于一种紧张的状态，那么这种状态可以使群体能够以最快的速度达到自己的目标。

根据上面的理论，约翰逊兄弟就说明了在课堂中存在的三种目标结构，即合作、竞争与个人单干，并在此基础上构建了三种各不相同的教学情境。如果处于合作的目标结构中，那么个体处于群体之中，他们的目标也是统一的，个体目标和群体目标以及群体中其他人的目标都是一致的；如果处于竞争的结构目标中，那么个体与群体的目标就是相反的，如果群体中一个人的目标得以实现，那么其他人的目标就都不能实现；但如果是处于单干的结构目标中，个体的利益和他人的利益都是不冲突的，互不影响，从这个理论出发，就很容易对合作学习的相关理论进行简述：如果所有的人有了共同的目标，那么这群人就聚集在一起，为了共同的目标而努力，这时就要求群体中的所有人共同努力。群体中的这种共同目标和依靠为个体实现目标提供动力，他们互相鼓励和帮助。

2. 选择理论

选择理论（choice theory）和控制理论（control theory）是由美国的心理治疗学家哥拉斯（Glasser）提出来的，他在 1996 年时将他自己在 1979 年提出的控制理论的名称改为选择理论 ❷。

格拉斯的控制论认为，我们是被内在动力推动的，是被我们的各种需要所驱使的。在格拉斯看来，人们都会被自己内在的四种心理需要所驱使 ❸。这四种心理

---

❶ 张艳，张俊. 小组合作学习在大学英语教学中的应用研究 [J]. 重庆第二师范学院学报，2018，31（03）：117-121.

❷ 孟凡月. 合作学习的理论研究 [J]. 考试周刊，2018（9）：16.

❸ 何畏. 合作学习的理论基础分析 [J]. 学苑教育，2016（6）：27.

需要就是归属、力量、自由和快乐的需要。就如同人们在生活中依靠衣食住行一样，这四种心理也要同样被注重。如果这几种心理中的某一心理得到满足，人们都会感到快乐。其实，这种快乐的生物目的就是让自己得到满足。

因此，从上面的论述可以了解到选择理论其实就是一种不断满足需要的理论，所以，学校就是能够满足学生需要的一种场所。学生来学校进行学习和生活就是为了满足自己自尊和归属等的需要。按照这一理论进行分析，如果一个学生学习不好，那么有可能不是因为自身智力的缺陷，而是主观上自己不想学。只有在学校创造出能够满足学生归属和自尊的环境才能够让学生感受到学习的意义，主动去学习。很多学生就是因为在校园课堂中找不到自己的归属感，没有被认同，所以才会在学校以外的地方寻求能够满足自己各种需求的场所。

3. 凝聚力理论

在凝聚力理论看来，合作学习对于学生的学习成绩的影响在很大程度上通过社会凝聚力来作为其中的媒介。其实，学生们之所以在学习上是互相帮助的，是因为他们对彼此是相互关心的，并且希望彼此获得成功。这个观点和动机有一定的相似性，那就是它们都强调学习动机的力量，而不是从认知上对合作学习的效果进行解释。

动机理论的研究学者认为，他们之所以帮助自己小组的同伴，是因为他们自己的利益要求这样做。然而，社会凝聚力的研究学者却认为，学生对自己同组的学生进行帮助是因为他们对这个小集体比较关心，因此这个理论最突出的地方就是，他们对合作学习小组的组建有相对突出的表现，还有无论是在活动中还是在活动结束之后的自我评价[1]。他们认为，如果学生对小组中的任务比较感兴趣，而且挑战性较强，那么学生们就可以在这种集体活动中获得更高的奖赏，不要单独评价小组中个人的贡献[2]。沙伦与阿朗逊（Sharon & Aronson）等人在研究过程中就

---

[1] 翁玲风. 基于合作学习理论的大学英语教学模式初探 [J]. 知识经济，2016（12）：92+94.

[2] 蔡青. 合作学习理论在大学英语教学中的渗透 [J]. 中国新通信，2017（23）：140.

是以社会凝聚力为基础。在他们创造的教学环境中，学生都会担任特定的角色 ❶。阿朗逊把 4 或 5 个课题分配给小组成员，每个学生负责一个课题。他们在"专家组"中和其他进行统一课题的学生进行讨论之后，再回到各自的小组中对自己所学的课题进行讲解；沙伦采取的是小组调查的方式，让每个小组承担不同的课题，然后将课题通过小组的形式分成很多小的课题。一个小组的学生对一个课题进行详细研究，然后再将自己的结果展示给全班同学。

通过上面的论述可以看出，"切块拼接法"和"小组调查法"都是在学习的过程中，将学习任务进行划分，这样做就是让小组成员之间形成相互依赖的氛围。在约翰逊兄弟采取的方法中，通过"检查员""记录员"等角色来展现小组之间的依赖性。他们的研究，既不反对动机主义，也对社会凝聚力进行支持。社会凝聚理论指出，这种任务的专门化，可以使得小组内的工作协调进行，而且形成一个整体，使全体成员发挥作用，每个人都能给集体作出贡献。

三、建构主义理论

建构主义学习理论认为，人是根据经验产生知识的。图式、同化和顺应是知识建构的关键概念。图式是人类认识事物时主观上的结构，它使主体能对来自客体的信息进行加工整理、归类和改造。皮亚杰认为，儿童最初的图式是遗传性的，之后图式在适应环境过程中不断变化和丰富起来。在这个过程中，同化把新的经验融入旧的经验中，即把客体纳入主体的已知图式中，引起图式的量的变化。当旧的图式无法同化客体时就调节原有的图式，形成新的图式，这就是适应，适应引起质变。个体就是在与周围环境相互作用的过程中，逐步建构起关于外部世界的认识，从而使自身认知结构得到发展。

在皮亚杰的基础上，维果茨基提出了"最近发展区"的理论。他认为，个体的学习是在一定的社会文化背景和历史条件下进行的。"最近发展区"指的是

---

❶ 范茂 . 开展合作学习提高大学英语教学质量 [J]. 产业与科技论坛，2019，18（12）：259-260.

"实际发展水平与潜在发展水平之间的距离"❶。实际发展水平是独立解决问题的现有水平，潜在发展水平是在成人指导下或更有能力的同伴帮助下解决问题的水平，这两种水平之间存在着本质的区别，两者的距离便构成了每个人的"最近发展区"。学习者通过社会环境中的合作、互动和交流来构建知识。教学应着眼于学生的最近发展区，为学生提供带有难度的内容，调动学生的积极性，发挥其潜能，超越其最近发展区而达到下一发展阶段的水平，然后在此基础上进行下一个发展区的发展。最近发展区代表了学习者认知发展的潜能，它意味着教育应该走在发展的前面，更好地引导发展。

---

❶ Vygotsky. Mind in Society: The Development of Higher Psychological Processes[M]. Cambridge，Massachusetts: Harvard University Press，1978：86.

第二章 大学英语教学现状分析

本章主要介绍了大学英语教学现状，从教师的授课方法与授课内容、学生的学习观念与学习困难、高校的教学环境与教学评价三个方面来深度剖析大学英语教学中存在的问题。

第一节 教师的授课方法与授课内容

一、教育观念比较陈旧，教学模式单一

长期以来，多数大学英语教师只重视英语语言本身的传授，往往不将传授语言知识、传授文化知识与教学置于同等重要地位。很多大学英语教师受传统的"应试观念"影响比较深，在课堂教学过程中主要以灌输为主，很少有将语言知识与文化相结合的教学模式。这不仅导致教学效果较差，而且也不利于对大学生进行跨文化交际意识的培养。此外，随着高校扩招，师资力量薄弱等问题也逐渐暴露出来，这就导致很多大学英语教学都是大班教学，缺乏有效的课堂互动；而且单调乏味的课堂教学活动使学生成为教学过程的消极接受者，这一教学模式与学习语言规律不相协调，影响学生的学习积极性与创造性，更不利于学生综合语言应用能力与自主学习能力的发展。

二、教学中对学生的创新性培养重视不够

有的课堂教学仅关注学生对于知识的吸收与掌握，过分强调了教材的范本功能，仅关注了教学目标的实现，而忽视了学生问题意识的培养，对于问题解决的步骤、方式等涉及不多。教师在课堂中往往是"一言堂"，让学生死记硬背。而

这些都不利于提高教学质量，不利于学生创造性思维的发展，忽视了学习过程中学生的主体地位，进而导致学生问题意识淡薄，只会机械接受知识而不会主动思考问题，创新空间狭小。

三、教学效度不高

有的课堂教学，教师也是苦口婆心地教知识，唯恐讲解得不够全面而遗漏了某一个知识点，却很少关注学生对知识的接受程度。由于受教学条件限制，学生往往只听老师讲的内容，很少参与到教学活动中来。有些学生上课听得懂，却缺乏实际操练和运用，课下遇到交际问题不会用英语来表达，或者读一些英文文章还有较大困难；有些学生课上不会听、不会记、不会认真想；还有的学生在学习过程中感到很吃力，甚至产生厌学情绪，这都是由于教师忽视教学方法而造成的。教师大包大揽，忽视学困生的问题，使得课堂教学效果大大降低。

四、对教材的理解和把握不够全面

有的教师对于使用的教材存在理解不透、重难点把握不好等问题。在课堂教学中，教师往往只注重课堂教学设计的整体性，忽视了对教材的研究和分析，把教材当作一个孤立的系统来看待，认为教材是固定不变的东西，不考虑学生的实际生活；有些教师在课堂上一味追求教学形式的创新，把教学内容肢解成一个个孤立的内容单元，机械地重复一些枯燥无味的练习。再加上备课只准备知识点，不准备方法，忽视了对学生进行学法指导和能力培养，达不到课程标准能力目标规定的"会做事"的目标。

五、不重视学生学习习惯的培养

语言学习是一个循序渐进的过程，不可能一蹴而就。如果将所有的教学任务都压在几十分钟的课堂上让学生接受、消化，并要转化为语言技能是非常困难的，所以课前、课后的预习、复习是必不可少的。在学生还没有形成好的学习习惯前，教师必须有布置、有检查。部分教师恰好忽视了这个环节，使学生形成猴子掰玉米式的学习习惯，不利于语言学习。

六、与学生专业联系不紧密，难以满足学生个性化需求

大学英语这一课程体系已在多年摸索中基本成型，并在培养学生英语语言能力方面起到一定的积极作用，但传统大学英语教学的重点是训练学生听、说、读、写等基本技能，对学生在基础阶段英语学习结束后的个性化需求则基本未加顾及或考虑不周，此外，并未和学生就业需求产生实效互动，导致学生在毕业后很少实际运用英语。英语教学成果不明显，在期中期末测评中，学生的成绩普遍偏低，尤其是在四、六级考试中，很多学生的考试成绩并不是很理想，这直接影响到学生的职业技能和职业素养。因此，在当前大学生人数众多、社会人才竞争激烈的情况下，大学英语教学面临着前所未有的挑战。目前，许多高校都把提高毕业生英语水平作为教学改革的重点之一。由于大学英语教学未围绕就业导向进行，使学生失去英语学习兴趣，英语教学效果也大大降低，从而浪费了教学资源，使大学英语"费时低效"。

七、基础性课程与应用性课程比例不当

伴随着我国基础阶段英语教学水平与质量的提高，大学新生英语水平得到了显著改善。但由于各方面因素的影响，目前大多数大学新生还没有真正掌握扎实的语言基本功，对所学知识不能灵活运用到实际生活当中去。这就要求高校必须重视培养大学生英语综合运用能力。一部分大学新生已具有良好的英语基础，并能快速进入大学阶段应用型英语选修课程或者其他英语素质拓展课程，但相当一部分高校传统的课程设置存在基础性课程和应用型课程比例失调、基础性课程偏多、学生缺乏学习兴趣等问题，应用课程虽深受学生喜爱但存在开设比例过低、不少应用课程流于形式等问题，不能适应社会及企业用人需求。学生们只能求助于校外语言培训机构的帮助，这就造成了部分校外语言培训机构炙手可热的现象。

第二节　学生的学习观念与学习困难

一、学习观念受"应试教育"的制约

应试教育是我国传统英语教学模式追求的基本目标。但是，随着社会经济文化的发展以及我国教育体制改革的不断深入，"应试教育"的弊端日益显露，已无法适应现代社会对人才素质培养的要求。于是，一种新型的人才培养模式——素质教育应运而生。它和应试教育最本质的差别是"考试观"上的差别。考试有两大职能，一是评价职能，二是选拔职能。受"应试教育"观念的长期熏陶，考试更重视的是选拔作用。例如，大学英语四、六级考试在大学英语教学中长期处于重要地位，其通过率是评价学校和考核教师的主要依据。这也使四、六级考试应试性特点增强，从而使四、六级考试丧失了应有的功能，导致增强学生运用英语的能力这一目标无法实现。其实语言的学习要做到：多听说读写，尤其要加强记忆。语法知识虽然很重要，但是通过学习获得外语的"语感"更重要，这就要求学生多背诵。目前英语四、六级测试题都是以选择题为主。这也是为什么现在的学生会把很多时间都用来背诵语法和词汇以及做很多模拟试题。学生更重视答案的标准性和唯一性，而不愿花大量的时间背诵课文，疏于课堂讨论与交流，因而对交际活动从心理上十分排斥，过多地依赖教师的解释，渐渐地失去思考、质疑、创新等能力。导致学生虽然具备了必要的应试技巧，交际能力与素质却在不断下降。传统的英语教学模式存在着诸多弊端。英语教学长期以来一直沿用着填鸭式、灌输式的教学方式，使学生感到枯燥无味，学生对英语缺乏兴趣和积极性，老师教得辛苦，学生学得痛苦。长期以来，许多教师习惯于以讲授为主，以交际为中心，采用"满堂灌"的教学方法，把整个课堂当作一个封闭的容器，学生处于被动接受知识的地位，没有真正参与到学习过程中来。这种传统的教学模式使很多教师对课堂教学感到厌倦和厌烦，从而影响到学生语言交际能力的提高。在整个教学过程中，教师讲解的内容都具有一定的重复性，对于学生而言，其本来就是被动的，若是接受知识的过程总是单调无趣，那么课堂学习效率也难以得到提升。

二、大学英语学习中的误区

（一）学习方式上的误区

为迎接人生中的重要考试——高考，学生在高中阶段的英语学习方式多为强制性记忆。在进入大学后，许多大学生还在遵循着这种学习模式进行英语学习，忽视了大学英语和高中英语在学习上的不同。对大学英语来说，它除拥有和高中英语一样的词汇和语法学习外，更注重英语写作和口语交流等应用性的学习。而且针对英语这一应用性学科来说，注重的是实际应用的效果，而仅靠强制性记忆词汇、语法，难以取得好的学习效果。但是由于传统应试教育观念的影响，以及高考对学生英语水平的要求越来越高，使得许多大学生不能很好地适应大学英语学习，从而产生诸多问题，例如，单词拼写不正确、发音错误等等。所以对大学生英语学习来说，最严重的问题是对大学英语理解不透彻，并且受惯性思维影响，将高中学习模式应用到大学英语学习中，使英语学习难以取得更好效果。

（二）写作学习的误区

对大学生的英语学习来说，英语写作学习属于十分重要的组成部分，但从大学生写作学习现状看，还存在许多误区。

首先，许多大学生没有意识到写作学习对他们英语学习的重要意义，以为他们以后就不会有用英语写作的需求，只需能够应付平时考试就可以了，这样就造成了大学生英语写作学习现状不佳。

其次，对一些想认真学英语写作的大学生来说，基本是靠读书或背诵来学写作的，真正意义上的写作比较少，一般觉得要写什么东西心里想好就行了，没有必要下笔。其实这就是一种错误的观念，他们并没有真正地理解英语写作所包含的含义。只有实实在在地进行写作才是训练写作的最有效途径，这一错误也使得大学生英语学习效果并不理想。

三、大学生英语学习困难的表现

（一）学生缺乏学习英语的强大动力

学习的动力，是推动学生不断探寻知识的强大力量。有了强大的学习动力，学生们才能够发现自己不懂的问题，才会意识到自身知识能力的不足，才能够为了满足求知欲而不断地寻找答案，在探寻知识的过程中，也就完成了学习的任务。而在实际的高校英语教学中，学生英语学习困难的一个重要原因就是缺乏强大的学习动力。学生缺乏学习动力的原因可以划分为两种情况，一是学生对于英语知识以及国外文化缺乏兴趣，并不愿意主动地去了解国外的文化，更不愿意通过英语进行交流。二是学生未能意识到英语知识对于自身未来发展的重要作用。在如今社会中，所谓的高素质人才指的是全方面发展的人才，而有些学生认为只要自己将来从事与英语无关的工作，就可以不必学习英语知识。这种错误的观念使得学生无法获得学习英语的动力。

（二）学生缺乏足够的信心和自我约束能力

学生在英语学习方面缺乏信心，主要表现在两个方面，一方面是缺乏对于外界条件的信心，认为自己所处的家庭环境和师资力量较差，影响了自己的学习；另一方面则是对于自己的学习能力缺乏信心，认为自己的天赋比不上其他学生，无论自己怎样努力，都无法获得更好的成绩。当这些学生的英语成绩不理想时，就会越发受挫，难以克服困难继续学习，逐渐形成一种恶性循环，导致英语成绩越来越差。而学生缺乏自我约束能力，则是因为学生没有足够强大的毅力，无法将自己的精力集中于英语学习中。英语学习是一个长期坚持的过程，学生缺乏自我约束能力，就无法在这个过程中一直保持良好的学习状态，学习结果自然也就无法令人满意。

（三）学生对自身的评价过于消极

学生对自己的评价关系着他们能否正确地看待自己英语学习所取得的成绩和能否进入一个较好的学习状态。通常来说，学生对于其英语学习成绩的评价可分为两类。一是对目前的学习成绩比较满意，二是对目前学习成绩不满意。对于学生来说，对学习成绩结果进行成因分析才是关键。很多同学没能以合适的方法去评估他们的英语成绩。觉得他们之所以获得了比较好的成绩是出于偶然；成绩不好是由于运气不好、自身能力欠缺、不太适合学英语等等。学生以这样一种否定的态度来评价自己，便找不到合适的学习途径和方法，导致自己的学习成绩一直提升不上去。

（四）学生缺乏有效的学习方法

在英语学习中，找对学习方法能够大大减少学习所需时间，达到事半功倍的效果。而很多学生却依旧在使用最烦琐的学习方法。听教师讲课时，仅仅是在听讲，而未能及时做笔记，单词记忆也只是依靠背诵，而未能将其带入到文章中。这一系列不合理的学习方法，导致学生的成绩无法得到提高。合理地安排学习时间、有效利用自身的记忆力和外界的辅助工具、发挥联想能力、加强情感投入等，都可以帮助学生快速提高英语成绩，但很多学生或是未能意识到这些学习方法的存在，或是意识到了却未能在学习中加以运用，或是生搬硬套他人的学习方法。缺乏科学有效的学习方法，导致了学生即使付出再多的努力，也无法提高成绩，这也是学生英语学习困难的一大重要原因。

第三节　高校的教学环境与教学评价

一、高校英语教学环境现状

（一）学生作为课堂生活主体的正面感知亟待强化

就教师在课堂生活中扮演引导者角色的定位而言，教师所设计与开展的课堂活动过多地强调间接经验的传授，导致教学活动变得技术化、格式化、流水化、标准化，从而忽视了向学生提供直接体验学习机会，忽略了学生是活动的认识主体。这导致学生主体性无法得到充分发展。这种教学实践不仅违背了教育心理学原理，而且也与新课程改革所倡导的"以人为本"理念背道而驰。造成这一现象的原因是多方面的。比如，当前许多大学英语课堂活动都是注入式的教学方式，没有凸显学生课堂学习的主体地位，这体现了教师对于教与学的理解不够深入，过多地强调教师绝对的主导作用而忽略了学生这一教学活动过程的积极参与者与合作者，从而没有关注到学生这一课堂生活主体对于课堂活动的心理认知问题。

就教师本身的教学理念而言，不仅没有充分认识到学生的主体作用，实际上也没有充分相信学生有主动学习的能力。在日常的课堂教学中，教师和学生之间存在着一定程度上的矛盾与冲突，这就要求教师在教学过程中要充分尊重学生的自主学习能力，让他们积极参与到课堂活动中来。尊重学生的主体性地位，发挥学生学习的主观能动性。学生主体意识的形成需要经历一个漫长而曲折的过程。然而，长期以来，不少教师过分强调教师的主导作用而忽略了学生作为课堂活动主体的地位。所造成的严重后果就是不仅学生外语交际能力很难提高，而且他们的总体学习能力，如主动求知、独立思考、创造求新等能力很难得到发展。

长期处于被动的课堂氛围中，学生容易对教学活动产生疏离感，失去了积极主动参与的热情与激情，难以发挥作为课堂主体在知识技能发展过程中的主动建构作用，容易导致教与学的相互脱离。同时，学生对自身作为课堂教学主体的作用缺乏正面感知，也是因为教师对学生的学习方式与学习策略等缺乏相应的示范和引导，导致学生缺乏灵活运用相关学习方法和学习策略的能力，从而影响了对自身作为课堂生活主体的正面感知。

之所以注重学生个体参与课堂生活的体验，是因为学生并非如同海绵吸水一般自动吸取知识和掌握技能。学生必须要借助教师的引导，在参与课堂活动的过程中，通过自身的体验，在所在的群体中定义他们自身参与活动的意义。教师实施的教学活动固然重要，然而学生的主动学习活动更是不可或缺。学生的学习活动服务于教育的总目标，主动学习过程的缺失是生命经历的缺失，也是发展过程的缺失。学习过程就是学生成长的过程，如果课堂教学没有基于学生发现问题、分析问题、解决问题能力的培养过程，就难以激发学生的创新意识和创新能力，也就弱化了课堂学习的教育意义，当然也就谈不上教育总目标的顺利实现。

强调学生个体对课堂生活的不同感知，并非指学生独自完成学习活动或者进行绝对意义上的自学活动，而是指学生通过教师的专业引导，积极参与课堂生活，独立思考，将个人学习意愿与课堂教学活动相联系，从而为个人提供进步空间。从知识学习层面看，教师作为课堂教学的引导者与主导者，需要从课堂活动设计与实施层面予以考虑，切实促进学生参与课堂活动的积极性与主动性，不断获得各种学习机会，从而促进知识的程序化与自动化。如果教学过程被当作知识传递过程，教师在课堂上的角色就是知识传递者，导致的结果就是学生接受了大量的外显知识，却难以转化为内隐知识，外在表现就是学生只注重对语言知识的机械记忆，但是语言知识难以转化为语言运用能力。

教师的专业能力为英语的有效教学提供了根本保证，但教师教的行为并不一定能诱发出学生相应的学的行为表现，即教师所采用的教学活动并不一定能促进学生学习，这是因为教师在设计和实施教学行为时受诸多因素的制约。然而，由于传统教育理念的束缚和教师自身学科背景等原因，教师没有深入学习前沿研究中所提供的有关概念，存在着认识不透彻、缺乏实践经验等问题，如果教师只能在日常课堂视角下对这些概念加以印证或改进，那么学生的学习效果就会大打折扣。

目前，在现代语言教学理念盛行的情况下，许多大学英语教师都接触并学习到大量提倡"以学生为本"或"以学习为本"的教育教学理念。然而，许多时候，教师因为没有深入领会，加之没有根植于课堂教学实际的教学研究，常常错误地认为所谓"以学生为本"或"以学习为主"，都是指教师在课堂教学过程中没有介入、指导学生学习活动，而直接听任学生自己摸索。由于缺乏教师指导，学生只会在孤立无援状态下独自去探索，很难有持久的学习动机与学习兴趣，也不利于学生自信心、意志力、进取心等积极情感的形成。更糟的是，经过如此尝试后，教师们常常认为那就是一种现代教育方式，即以生为本或学为主。这样的教学结果不仅没有改变学生和错误的学习方式，反而使他们丧失了学习兴趣，从而影响到教师对外语教学理论与教学实践的指导作用。结果是学生学习起来没有兴趣，甚至产生厌学情绪；而教师也只是被动地按照自己制订好的教学计划来开展教学活动，教学效果并不显著。这种教学模式严重制约着高校英语教学的可持续健康发展。这样周而复始，恶性循环下去，对教师持续性专业发展十分不利。

事实上，引发学生学习的因素多种多样，有的因素具有可预测的特点，如教学内容的选择与设计是否符合学生现有的认知特点与语言水平，教学过程组织实施方式是否符合人类大脑对语言信息的处理方式特点等，如果教材处理得当，教学方法选择合理，就会对学生的学习起到相应的促进作用并具有预测性特征。这些是影响学生学习进步的外在因素。同时，也有些因素则不具有可预测性特征，如大脑对语言点的注意，对学习内容的吸收量、认知负荷，情绪与心理状态等，属于影响学生学习进步的内在因素，外因必须通过内因起作用。

无论是上述哪种原因，都不可避免地要涉及学生对信息的处理问题，也就是对信息的输入、互动、输出，也就不可避免地要涉及教师在教学过程中促进输入、互动、输出的教学方法及教学策略，同时也一定会涉及学生在教学过程中语言信息加工的方式，也就是语言输入与输出之间的相互关系。以外语课堂教学为例，传统意义上教与学之间存在着"缩减式"因果关系的特点，它是指教师提供语言输入并驱动学生进行语言输出，以输入作用于输出，从而构成输入到输出的线性因果简化关系的一种现象，相似的教育教学理念，在大学英语教学研究领域表现得更为突出。从语言习得的原理上看，这种认识是无可非议的，但是从课堂教学过程看，它却明显地忽略了学习过程所固有的丰富性、多样性与生成性。从这个意义上讲，"师生双主体"教学模式应该成为当前我国外语教学界普遍认同并广泛采用的一种新的教学模式。但是教师却常常因忽视了学生内在动因，而缺乏指导学生进行探索、思考和感悟的学习环节，这不仅不利于教学目标顺利达成，而且使学生对学习活动有一种心理排斥感，使课堂生活成为一个呆板单调被动的学习过程。

事实上，很多大学英语教师也尝试去探寻提升学生学习效果的因素，但往往侧重从外因方面开展研究，为了确定某个教学方法是否有效，很多研究者（通常同时也是教师本人）按照该教学方法理念倡导的方式，在课堂活动中引导学生接触某些具有典型特征的语言点（如语法规则、典型词汇或者短语），经过一段时间的学习后，检查学生在语言输出中运用该语言点的频度，以确定采用的教学方法对目的语研究学习或者习得的影响。然而，语言学习是一个复杂的过程，涉及教学方法、学习任务、语言范例、句型特征等诸多因素。如果仅通过对语言点的记忆、运用语言点的频度、测试中回答正确率等方式考量所采用的方法是否有效，很可能会忽视从学生感知的视角发现影响课堂教学质量的深层次原因。

简单地说，课堂教学就是教师和学生共同参与并相互协作所生成的教育教学的过程与成果。以学生为活动主体，在教师指导下，通过积极主动的学习、活动探究等方式，推动头脑原有知识体系与获得的新知识产生一定的联系，从而在学生的头脑中产生新的知识网络。课堂学习不仅要以成绩和分数为目的，更重要的是指导学生进行学习、学会学习、掌握学习技巧，培养他们终身学习的能力，同时促进他们认知和情感上的发展。而这一切都离不开师生之间积极互动的良好局面，只有这样才能保证课堂教学效果达到预期目标。在课堂生活中教师的指导必不可少，否则学生在课堂生活中就会失去专业主导；但是作为课堂生活中的参与主体——学生，他们对课堂生活的认知却是影响教学效果潜在的因素。教师在课堂生活中忽略了学生这一主体的积极认知，就会造成预设教育教学目标不能达成的后果。为此，我们应充分认识学生在课堂生活中的主体地位，注重处理好教与学的关系，并通过他们对课堂活动的心理认知及时向教师反馈信息，使教师教学行为得到优化，增强他们在课堂活动中主体地位的积极认知，增强课堂动力，进而推动课堂教学质量不断提高。

（二）学生对课堂教学过程的感知亟待提升

作为参与课堂生活的两个主体，教师与学生是课堂活动不可分离的重要组成部分。课堂生活以促进学生心智发展和情感提升为宗旨，通过课堂有效教学深化师生的生命意义，体现师生的生命价值，课堂生活开展的过程就是师生双方不断成长进步的过程。学生作为课堂生活主体，对课堂生活的感知成为反映教学过程和教学结果是否有效的指标，其中，对课堂活动过程的感知尤其能够体现课堂教学的有效程度，教学过程引发相应的教学结果。教师作为课堂生活的主导者，不是将既定的语言知识和规则简单地向学生进行展示或者示范，而是要引导学生积极探究，掌握知识运用的规律以及思维方式，从而不断内化知识，提升技能，促进综合能力提升。

在理论层面上，它促进了学生对于课堂活动进程的感知，突出了课堂活动对于英语学习的深化和扩展作用，这与二语习得研究认为活动任务有助于提高学生的能力的观点是一致的。高校的大学生们在学习的过程中需要经过几个阶段，而每个阶段都有相应的具体教学任务，诸如关注语言的形与义，形成学习语言假设、接触语言输入、验证假设、输出语言、自我评估、元语言反思等等，其总体目标是循序渐进地发展学生外语交际能力。其实无论从认知观还是从社会文化观上看，我们都认同课堂活动能促进语言学习，具体表现为两方面：第一，可以促使学生掌握更牢固的知识，并进一步扩展延伸所学习的知识；第二，促进学生脑中知识加工自动化程度的进一步提高，降低学生对于语言形式的关注程度，使学生能熟练运用所学的知识，提高学生外语交际能力。不管是在学生个人的学习活动中，还是在所涉及的集体学习活动中，教师在教学过程中都应注重引导学生主动参与，关注需要掌握的目的语知识要点，并通过教师、同伴等方面的反馈来推动语言知识加深加工，同时对外显知识和内隐知识进行升级和相互转换。所以，我们要通过高质量课堂活动的设计和实施来提高学生在课堂上的学习行为的感知，进而促使他们产生更强烈的学习兴趣和更强的自我效能感等良性的学习投入行为。

在实践层面上，以大学英语课堂教学为例，强调以课堂活动来促进学生在英语学习过程中的认知，有利于学生英语应用综合能力的发展。许多大学生在自己的中学阶段，已经掌握了一定数量的英语词汇、语法、句法、语用和文化的基本知识，同时还具备了一定的语言运用能力，但从英语知识量和听、说、读、写各技能来看，还存在较大的提高空间。因此，教师需要根据实际情况进行有针对性的教学活动设计，大学英语课堂教学的教学目的是通过适当的教学设计和活动实施过程，促进学生不断充实英语知识和促进英语运用能力的发展。例如，词汇量不断扩大，语法运用越来越精确，语篇意识不断增强，文化视野不断拓宽，思维能力不断增强等。

在具有工具性特征的同时，大学英语教学也具有人文性特征，高校教师需要处理好二者之间的关系。大学英语课堂教学应关注英语在跨文化交流中体现出的工具性特征，注重提升学生的英语听说读写各项技能，不能忽略英语语言作为文化载体所具有的人文特征，避免淡化外语教育对培养跨文化交流素养的重要性。因此，教师应注重通过课堂教学引导学生接触和体验更多的具有真实特点的英语活动场景，培养学生具有运用英语进行跨文化交流、获取相关知识和信息的能力与素质，适应全球化竞争以及社会发展需要。

就具体层面的大学英语课堂活动来说，教师依据教学目标，设计在语言形式或者语言意义表达层面上存在一定挑战性和认知难度的活动，引导学生巩固和拓展目的语知识，促进语言习得。教师在进行活动设计时，应注重选择恰当的活动方式。例如，对课堂学习活动的难度进行循序渐进的层级处理，避免学生因为任务难度过大而产生畏难心理。而且，学习活动的内容或者形式具有一定的趣味性，目的是在尽可能短的时间内吸引学生参与到课堂活动中。当然，教师不能仅追求吸引学生眼球的新奇活动，因为课堂活动开展的基础是紧扣要掌握的学习内容，确保完成既定的教学目标，进而考虑课堂活动内容能够持续引导学生积极参与，保持兴趣，直到任务完成，实现既定目标。同时，课堂人际关系与教学情境的建立对学习行为的促进作用必不可少。例如，来自教师的鼓励能够促使学生在活动中更加充满自信心；现代教育多媒体技术的运用能够为学生提供更加丰富的语言输入，而且有助于学生产生身临其境的跨文化交流体验。

语言需要在丰富的语境中通过互动加以模仿，以强化语言输入与语言输出的结合。就我国大学英语课堂教学来说，即使是教师通过传统教学法，如语法翻译法，促进学生对难点句法或者关键词的掌握，也有其合理之处，但从课堂活动设计的基本原则看，教师应注重以意义驱动，构建真实的语言交际场景和联系学生现实生活意义的问题情境，引导学生根据要学习的语言材料，历经一个发现问题、分析问题、从多角度解决问题的探究过程，在最大程度上确保学生对所学的语言知识能够做到有效运用。

无论是怎样的教学方法与教学策略，都应遵循一个基本原则，即避免课堂成为学生被动接受知识的场所，导致学生仅对语言技能运用进行外围观摩，而无法亲自体验。真正有效的课堂教学活动应是让学生主动地从活动过程中感到学有所获，从主动参与的过程中主动地体验知识、技能、策略的运用过程，强化语言处理的自动化，促进认知发展。同时，活动过程也促使学生的情感得到了熏陶与升华。事实上，认知发展与情感发展从来都是相互渗透、相互促进的，认知与情感构成了学生发展的两个不可分割的方面。大学英语课堂应该是认知与情感的交融与辉映，认知活动只有在情感的驱动下才能真正达到既定的教学目标，情感活动只有以认知活动为依托才不会沦为空洞的说教。课堂活动必然涉及认知和情感两个方面，两者相互依存，缺一不可，促进学生的全面发展。

（三）学生对课堂学习效果的感知亟待提升

学生在课堂教学活动中处于学习主体地位，教师的教学活动针对学生学习活动进行设计与实施，如果不能促使学生的学习效果得到提升，那么教师的教学活动就会丧失其教育价值。评价学习效果应考虑到学生在课堂上的知识学习情况、语言技能掌握情况等，这些都是在认知层面上考察课堂教学质量高低的重要尺度。但课堂学习目标由认知和情感两部分组成。在考虑课堂教学效果时，不可避免地会涉及学习过程中对于学生情感进步所产生的推动作用，比如能否促使学生在学习活动中产生兴趣，能否使学生觉得学到了知识，能否使他们觉得自己的语言能力在逐渐提高。

提高高校教育质量，核心在于提高学习质量，应该使学生在课堂生活中获得满足感与成就感。学生在课堂生活中的满意程度表现在学生对于学习效果评价的程度上，满意程度高，评价越趋于正面；满意程度低，评价越趋于负面。促使学生在课堂上进行学习效果评价需要处理好认知发展需要和情感发展需要这两个关系。如果把大学英语课堂活动仅仅看作是一种单一认知活动，只注重课堂教学生活中知识和技能的发展，过于凸显它的学科价值和工具价值，则忽视了它的生命价值和人文价值。课堂活动不仅是语言习得过程的一个环节，更是学生生命成长不可或缺的重要组成部分。但从目前来看，我国的英语课堂教学并没有真正实现这一目标。课堂教学中本就有情感体验、审美意趣的教学活动转化为单薄乏味的知识积累和技能训练。这样，就不能很好地彰显学生这个课堂生活有机体所具有的生命价值，不能很好地满足学生这个个体生命内在发展的需要。

脱离知识和技能的精神与情感发展需求，课堂教学就会失去生命活力，学生与教师就会成为课堂活动的机械参加者。学生对课堂教学活动只有理智上的需要，难以产生对学习活动的激情与渴望，更谈不上主动探究和自主学习。如果师生作为社会人所具有的精神与情感需求未得到满足，丰富的内在精神无法得到持续的人文滋养，教师只能成为知识的机械传达者，学生也只能成为知识的被动接受者。仅关注教师对知识规则的讲解，教师也无法对教学活动产生发自内心的追求与热爱，会规避教学中的问题，不愿主动探究教学问题的解决方法，从而产生职业倦怠，难以促进自身专业能力的持续发展。仅关注学生的学业成绩，学生无法对学习活动产生发自内心的热爱，会规避学习中的困难，一旦遇到挫折，不愿主动寻求教师和同伴的帮助，而是完全归因于自己的能力缺失，难以产生和保持学习动力和学习信心。

学生作为正在成长的未成熟的社会个体，单凭自身摸索是很难保证学习效率的，甚至很容易脱离学习的正确轨道。为了保证学生能在较短的时间内获得相关知识和技能，需要依赖教师这一专业人员对学生的教学活动进行指导和策划。而大学英语教学中所面临的问题就是如何提高大学英语教学效果。从目前来看，很多高校都已经意识到了这一点并采取了一些措施，但收效甚微。教师的专业素养从始至终都是大学英语课堂教学中不可忽视的影响因素。真正高效的大学英语课堂并不在于任课教师本身所具备专业能力和素养的片面呈现，而是注重教师和学生在课堂上进行有效教学时信念上的统一，注重学生基于日常课堂学习经历所形成的感知，并在此基础上得到及时的回馈，不断地改进教学行为和提升学生学习效果。

课堂教学中学生的实际体验既不能直观地反映教师的课堂教学活动，也不能根据个人的印象来诠释教师的教学行为和教学技能，而只是日常课堂教学中学生心理意识层面上的一种展示，一种学生对于现实课堂生活的亲身诠释。虽然学生在课堂学习中的感知和体验并不一定完全符合课堂教学实践的全貌，但是就课堂教学效果的提高而言，它可以为课堂教学实践提供信息上的反馈。

为此，我们应从大学英语课堂环境角度出发，提升学生的课堂学习效果，以学生的认知发展需求和情感发展需求为前提，运用追溯法回归到影响学习效果之源头，塑造和谐的课堂人际关系、开展适宜的教学技能和教学活动、设置适宜的教学情境、营造有效的大学英语课堂环境等。

（四）有效课堂环境构建及评价的基点亟待整体完善

语言学习与语言使用既不是单纯依靠模仿以及联想学习，也不是依靠对内在生物语言官能的激活，而是学生在参与课堂学习过程中通过对外部学习条件的感知而获得学习机会。课堂教学不仅强调语言信息输入的作用，认为语言学习是接受信息与处理信息的过程，也强调语言的输出以及交流过程中的互动，认为学习者内在的认知与情感对语言学习产生重要影响，更强调学生对周围学习世界的感知而引发的学习机会，认为学生在参与课堂生活的过程中，必然对周围环境产生感知，从而与周围世界建立联系。学生不断参与浸润在历史、文化、习俗意义系统中的语言练习，逐步达成语言学习的目标。

所以学生在课堂生活中所获得的知识并不与他们所接受的可理解性输入或经过验证后的假设完全一致，而更多的是强调他们在积极地参与课堂生活的过程中，根据自己的认知努力与情感努力主动地获得相关语言知识并提高相关的能力。学生在感知过程中所得到的学习机会是直接性的。学生感知课堂生活越积极，课堂生活参与热情越高，课堂环境建设就越好。另外，学生在课堂教学活动中表现出的积极学习态度也会使其更有可能将自己所学运用于实际之中。学生在参与课堂学习实践时，能够有效利用各种资源进行自我反思。与此相对应，学生在学习环境中建立起的关系越密切，他们所得到的学习机会也越多，对其语言能力的提高就越有帮助。很显然，学生参与课堂活动时，会与周围环境的物理特征、社会特征以及语言特征发生关联，进而决定了他们学习的质量。

学生对于课堂环境中物理、社会和语言等特征的感知虽能影响语言学习，但是并不完全能促进学习。学生在课堂生活中的感知反映了他们对于客观因素和学生内在因素的关联程度，感知程度的差异将带来学习机会的差异。若学生在课堂活动的物理、社会和语言特征上的认知倾向于正面，则学生和课堂活动产生的关系越密切，获得的学习机会也越大，越能在目的语学习上获得进步和发展。因此，在教学实践中要根据具体问题具体分析。反之，若学生对于课堂活动的物理特征、社会特征和语言特征等的认知倾向于负面，则学生和课堂生活之间的关联就会越松散，获得的学习机会就会越来越少，这对于学生的学习进步是不利的。

二、高校英语教学评价现状

（一）教学评价存在的问题

1. 英语教学评价中忽视学生的身心健康发展

由于对基础教育阶段英语教学任务的认识存在误区，长期以考试为考核教师教学效果与学生学习成绩的主要方式，从而将追求排名、力争高分数与高升学率作为英语教学考核的终极目标。也有一些学校会以学生考试分数为依据来安排学生座位，并将学生升学率与教师奖金等因素联系起来。这样做虽然也能起到一定的作用，但从整体上看并没有达到预期目的。这一状况将使得考试成为整个教育的"指挥棒"，使得在基础教育阶段无法真正落实素质教育的理念，对学生身心发展造成诸多负面影响，因为英语是基础阶段的主要课程，所以这些问题在英语教学和学生学习过程中值得我们重视。

新课标英语教育要求每个高等院校建立英语课堂教学评价指标体系，并结合本校的现状与发展规划，以学生全面发展需求为出发点，关注学生学习状态、学习过程及情感体验等方面，充分展示学生学习过程的主体地位并实现主体作用最大化。教师要以"促进每一位学生的发展"为目的，通过有效的教学活动来实现这一目标。学校和教师要尊重每个学生的个性，注重学生存在的个体差异，指导学生去认识、去体验、去追问、去探索，在实践活动中积极构建知识，促使学生形成创新精神与实践能力，努力让每一位学生获得全面发展，让课堂教学真正充满生机与活力。而传统型英语教学评价在实施过程中，严重忽略了对学生主体性和身心健康的培养，只关注学生学习成绩、追求排名，无法充分发挥课堂教学评价在其中的巨大作用。

2. 过度强调学生的英语学习结果

一直以来，英语课程评价的实施多以终结性评价为主导，而形成性评价很少。在评价时仅关注教学结果与学生学习结果的评估，而缺少学生学习过程与教师教学过程的评估。在评估学生英语学习质量时，以测试为主，如单元、期中和期末测试。这类评价只知道学生学完了一部分学习内容之后实现了学习目标，而不知道学习过程。这就造成了评价标准单一化，过分强调成绩而忽视能力的培养，使英语教学失去应有的实效。学生英语学习结束时所做的测试，是对于最终结果的一种价值判断——终结性评价。因为终结性评价应用中不能把全部学习内容都当作评价内容来对待，一定要选取有代表性的学习内容来进行评价，所以测试与评价难免存在片面性与偶然性。

3. 缺乏对学生情感因素的教学评价

在相当长的一段时间里，英语教学评价常常只关注学生的认知发展情况，也就是仅仅关注评价中涉及记忆与思维等智力因素的方面，却忽略了对于非智力因素（例如，学习兴趣、学习态度、学习习惯等）的情感因素的评价，而正是这些非智力因素在英语学习活动及其学习效果中是非常重要的考核内容。所以，在基础阶段英语学习的评估中，既要确定学生是否符合评估标准，又要全面而灵活地考察与分析各种非智力因素——情感因素。通常情况下，对于基础阶段英语学习来说，形成性评价往往包含着兴趣、态度和习惯这些情感因素，也就是通常情况下更多通过教学来实现。这样才能真正全面了解学生的学业成绩以及他们在语言交际中所表现出来的心理特点和能力水平。

4. 忽视英语学生的自我评价

过去的英语教学评价往往只注重对教师进行评价，以教师为评价主体并让教师担任评价活动的"检查官"，而评价则为教师的"专利"，标志着其"权威"地位。评价时，老师居高临下地对学生进行点评。而且学生虽也进行了一定的自我评价，但始终处于一种被动甚至被忽视的状态，不能在教学中形成民主的气氛，从而严重损害了学生的学习主动性与积极性。

（1）英语教师进行集体评估。教师对全班整体成绩进行评估，找出该班级学生的学习优势与问题所在，明确该班级学习活动的总体发展方向与教学目标。

（2）英语教师评价部分学生。英语教师要对不同层次、不同水平学生的实际成绩进行评估，观察优秀学生有没有良好的学习表现，观察后进生在学习上有没有进步，等等。

（3）英语教师对学生小组进行评定。小组活动应是英语教师考核的一个重点项目。教师应关注不同小组在英语课堂中所扮演的角色和发挥的作用，并给予更多支持。英语教师在教学过程中，应观察组长领导力强弱，小组之间的信息交流是否畅通，小组学习任务的计划与实施过程以及小组出现问题时的解决效果，等等。

（4）英语教师针对学生的个体评价。英语教师在评价学生个体时，有必要通过个案的方式进行观察，寻找能够解释其学业进展的具体体现。面对某一群体中的大量学生，形成性评价要有层次和侧重。因为学生个体的成绩都具有一定的代表性，因此在对一些案例进行详细解剖之后，老师对不同学生群体的学习状况能有更清晰的认识。

（二）英语教学评价中出现问题的原因分析

1. 英语教学评价观念滞后

一方面，在传统的英语教学中，教师对英语教学的评价往往注重终结性评价，忽视对学生学习过程的评价。这是英语教学评价观念落后的表现之一。这种以考试分数评价学生学习能力的方法，不但不利于教师及时掌握学生在学习中遇到的困难和情况，适当调整自己的教学方法、教学节奏、教学内容，提高教学水平，而且往往会造成学生心理上的伤害，使学生丧失对英语学习的兴趣，不利于培养学生的语言综合运用能力，不利于培养学生的合作精神，也不利于建立和谐的师生关系。

另一方面，教学评价观念的落后性还表现在评价主体的单一性。我国传统的英语教学评价方式通常只包含英语教师评价学生的学习，而忽视了学生的自我评价、学生之间的评价，以及英语教师对自己教学效果的评价、学生对教师教学的评价等。这些由于教学观念的落后而导致的问题，不但制约着英语教学效果的提高，制约了外语教学的发展，而且制约着外语高素质人才的培养。因此，我国英语教师必须深入研究外语教学评价存在的问题，改革教学评价的方式与观念，促进外语教学的发展。

2. 英语教学评价功能相对单一

过于重视终结性评价的甄别和选拔作用，而忽略了形成性评价完善和激励作用。一直以来，人们把评价看作是一种考试或者测验，一种筛选、挑选的方法，目的在于挑选"优秀"的学生、甄别出"落后"的学生。考试或者测验结果，也就成了评判一个教师、一所学校好坏的唯一标准。这种对评价作用偏执的认识，是造成我国高等院校英语教学在相当长一段时间内无法从各类考试、测验中跳脱出来，并最终演变为"应试教育"现象的根源。评价在英语教学中的作用手段受评价对象和评价目标的约束。长时期受应试教育影响，多数高校都采用八成期末考试成绩加两成平时成绩的单一评价方式对学生学习状况进行考核。近年来，随着素质教育理念在教育实践中不断深化，传统的以分数为中心的评价方式越来越不适应社会经济发展和人才培养目标的要求。与此同时，英语课程评价过多地强调知识体系、重视纯语言知识考察，使教师在命题中局限于英语知识测试，忽略了对学生英语实际应用能力的训练，这既不利于发展学生口头表达能力，也不利于提高英语交际能力。英语考试内容多局限于课本基本上的理论知识，重理论考试，忽视了学生的语言交际能力。

在教育测量学视野下，精确测量以题目设置具有较高科学性为先决条件。从这方面看，院校教师普遍缺少专门训练，考核题目的随意性比较大；同时，由于客观题容易批阅，成为考试的主流题型，尤以选择题居多，同时客观题考查偶然性大，容易照搬照抄，无法真正体现学生的能力。因此，传统的终结式考试制度已难以适应当今教学改革的要求。在这一评价机制中过多地关注学生英语学习结果评估，对学生学习过程和其日常学习行为表现视而不见，致使学生没有看到自己努力学习的成果，继而盲目地自卑、焦虑，对外语学习产生畏惧心理，而这种消极的情绪态度又严重地影响着他们学习能力的提升，压抑着他们的学习积极性与创造性；尽管该评价体系中包含了学生平时的学习成绩，但其所占比重较小，因而学生没有引起高度重视，期末考试时学生临时抱佛脚或者孤注一掷，以作弊等恶劣方式实现考试及格。从某种程度上说，该评价体系并不能很好地调动学生学习外语的积极性，不能很好地体现学生的学习潜力，更没有很好地发挥应有的指导作用，也不能很好地体现该评价体系的有效性。

3. 英语教学评价主体缺乏多样化

以往英语教学评价明显地表现出"他评"的特点，教师对学生进行评价，使得学生总是处于被动和消极状态。这种评价方式，忽略了被评价者这一角色，使得教育评价活动不能发挥其应有的作用。教学原本就是师生双主体多边活动的过程，其过程的进行应以师生双方的共同活动作为媒介。教育部在 2004 年颁布的《大学英语课程教学要求（试行）》中也明确提出："形成性评估包括学生自我评估、学生间相互评估、教师对学生的评估、教育部门对学生的评估等。"强调评价主体的多元化，也就是主张评价学生不再是教师一个人负责，学生自己、同伴和家长均可参与到评价过程中去。而目前的评价仍然是以教师为主体，学生仅能被动接受教师评价，较少进行学生与学生之间的评价，学生自我评价也较少，这就使得学生在学习过程中缺少反思，考试成绩一不如意，就常常使学生们失去了学习的信心与兴趣。这一评价所造成的直接后果是学生个性发展不充分，对学习产生了过分焦虑和消极的态度。

传统英语课堂评价实践中将学生作为教师的评价客体，学生只能被动接受任务，而无积极参与的机会与权利。学生只能依据学校、教师所设定的评价标准、程序与方式接受评价。课堂评价过程是学生在教师的指示下被动提供评价信息，而对评价结果学生通常只会无条件地接受而没有自主权。教师在课堂上只关注学生对某一具体语言点（词、句）的掌握情况，而不关心学生是否真正掌握了所学内容，能否有效提高交际能力。以学生为"容器"，学生被动地接受知识，是机械训练的对象，忽略了学生作为学习者具有主观能动性的特征，使学生的学习完全融入了教师预设的教学模式中，其目的是维护教师在教学中的权威。

4. 英语教学评价内容的单调性

以往的教育评价职能包括甄别和选拔，而与其相对应的教育评价则以智育为主，强调知识与技能并重，内容单一。

体现在英语教学评价上，就是只注重语法与词汇知识，机械地掌握语言技能，而对于学生综合语言运用能力、自主学习能力、跨文化意识以及情感因素的评价缺乏关注，因而产生了不少"哑巴英语"的学习者。且仅重视对教师教学结果与基本素质方面的考核，忽略了对教师教学过程的考核；仅重视对课内与书本方面的考核，而忽略了对课外与练习方面的考核。我国传统课堂评价制度最注重智育，即学生在学科学习方面的表现。学生情感、态度与价值观的培养基本被忽略或徒有形式。就学生学科学习而言，课堂评价关注的重点多集中于学生对书本知识掌握程度，多考核学生在"学校情境"下运用纸与笔的解题能力，漠视甚至贬低学生真实生活情境下的实际解题能力，较少考核学生高级思维技能（如认知策略、认知技能）、元认知能力（如问题解决）等。

5. 英语教学评价心态与策略存在问题

一是被动接受外部评价。二是盲目相信分数指标。三是评价问题合理化倾向。四是使用两权标准进行评价。只有好坏之分，没有分析性评价和解释性的评价。教学决策在课程发展的三个部分中都起到了很重要的作用，形成性评价要随时指导教学决策，教师日常的决策依赖于各种各样的教学评价。我们认为，教师在进行日常的过程性决策中，由于不一定能够正确吸收反馈信息，所以，决策失误往往多有发生。此外，教师对于学生的英语学习动机、英语学习的习惯、英语学习基础以及英语教学要求不能够清楚了解，从而使教学评价难以下手。

第三章　大学英语教学中学生能力培养要点

本章为大学英语教学中学生能力培养要点，主要包括五个方面的内容，分别是英语听力能力、英语口语能力、英语阅读能力、英语写作能力、英语翻译能力。

第一节　英语听力能力

一、大学英语听力教学的目标

英语听力教学的主要目标是培养学生在实际社会生活中进行交际的能力，使学生能够借助听力完成学习、生活、工作中的各项任务，同时帮助学生促进自己的学习和发展。教学目标不是千篇一律、固定不变的，在不同的学习阶段，听力教学的目标也不同。我国《大学英语课程教学要求》将大学英语听力教学目标划分为三个层次。

（1）一般要求：能听懂英语授课；能听懂日常英语谈话和一般性题材的讲座；能听懂语速较慢的英语广播和电视节目，能掌握其中心大意，抓住要点；能运用基本的听力技巧。

（2）较高要求：能听懂英语谈话和讲座；能基本听懂题材熟悉、篇幅较长的英语广播和电视节目（语速为每分钟 150 ～ 180 个词），能掌握其中心大意，抓住要点和相关细节；能基本听懂用英语讲授的专业课程。

（3）更高要求：能基本听懂英语国家的广播电视节目，掌握其中心大意，抓住要点；能听懂英语国家人士正常语速的谈话；能听懂用英语讲授的专业课程和英语讲座。

由以上目标可知，英语听力教学活动的开展并非为了检测对听力技巧的掌握程度，而是以促进英语听力理解和英语技能运用能力的提高为目标，将英语口语化和日常化。因此，教师在英语听力教学中不仅要训练学生的英语听力能力，还要帮助学生掌握听力材料中的知识点和关键词，达到听力技能训练与信息获取的双重目的。

二、大学英语听力教学的内容

大学英语听力教学的内容一般应包括这四个方面。

（一）听力知识

听力知识内容包括语音知识、语用知识、文化知识、策略知识等。同一个句子会因发音、重读、语调等语音变化而产生不同的意思，即使同一个人讲同一句话，也会由于重读、语调、节奏的变化表示不同的意义、态度、感情。学生掌握英语的发音、重读、连读和语调等语音知识将会有利于提高英语听力能力。因此，语音知识不仅是语音教学的内容，还是听力教学的内容。

除了语音知识，语用知识、文化知识、策略知识也是听力教学中需要重视的听力知识。了解相关的语用知识，有助于真正理解对方说话的内涵，保证和提高交际的质量。在日常生活中，除了学习语用知识外，还应该了解区域的文化，多预览英文的文化书籍。语言是文化的载体，因此对英语国家的文化知识有所了解，某些话语应该出现在什么样的场合，某些词应该在某种场合表达怎么样的意思等，都是值得推敲的。只有这样，才能避免对听到的内容产生歧义，更准确地理解听到的内容。学生学会了不同的知识策略，就可以根据听力材料、听力任务选择恰当的听力方式，从而提高听力和理解能力。

（二）听力技能

听力技能包括基本听力技能和听力技巧两方面内容。

（1）基本听力技能，主要包括最基本的辨音能力以及大意理解能力、细节理解能力、选择注意力、交际信息辨别能力、记笔记技能等。其中，辨音能力指辨别音位、强弱、语调、音质等语音特点的能力；大意理解能力通常包括理解谈话、独白的主题和意图等能力；细节理解能力指获取听力内容中的具体信息的能力；选择注意力指根据听力的目的、重点选择听力中的信息焦点；交际信息辨别能力指辨别新信息、例证、话题终止等的指示语的能力，这是实施有效交际的关键之一；记笔记技能则是指能够根据听力要求选择适当的笔记记录方式，掌握良好的记笔记技能。

（2）听力技巧，包括听隐含之意、猜词义等。掌握正确的听力技巧，可以事半功倍地提高听力理解能力。听力教学包含训练听力技巧的各种听力活动。与基本听力技能相比，听力技巧属于更高层次的听力技能。

（三）听力理解

除了教授听力知识和听力技能之外，听力教学更多的应是通过各种活动训练学生的听力理解能力，使学生的理解由"字面"到"隐含"再到"应用"，理解步步加深。听力理解过程主要包括辨认、分析、重组、评价和应用五个部分，既包括字面意思的理解又包含隐含意思的理解。听力理解的过程是一个循序渐进的过程，任何级别的听力教学都必须经历由辨认到分析再到应用的一系列过程，然后才能逐步提高听力能力。

（1）辨认主要涉及语音辨认、信息辨认、符号辨认等几个方面。辨认有不同等级的要求，最初级的要求是语音辨认，高级要求则是说话者意图的辨认。教师可以通过正误辨认、匹配、勾画等具体方式训练和检验学生的辨别能力。虽然辨认属于听力理解的第一层次，却是后面几个层次发展和提高的基础。

（2）分析属于听力理解的第二层次，要求学生具备对听到的信息进行分析并转化到图、表中的能力。分析要求学生可以在语流中辨别出短语或句型，对谈话内容有大致的理解。

（3）重组要求学生用自己的语言将获得的信息重新组合，通过口头或书面方式表达出来。辨认和分析都属于信息获取，而重组属于信息输出。

（4）评价、应用分别是听力理解的第四、五阶段。这两个阶段要求学生在前面三个阶段获得信息、理解信息、转述信息的基础上，能运用自己的语言评价、应用所获得的信息。在实际教学中，可以通过讨论、辩论、问题解决等活动对所获得的信息进行评价和应用。

（四）逻辑推理

逻辑推理是一项十分重要的听力教学内容。逻辑知识有助于听者快速有效地正确理解和判断所听到的内容。比如，学生利用逻辑推理，可以通过推理判断说话人的意图、情绪、态度和言外行为等非言语直接传达的信息，理解其深层含义，进而理解说话人的意图、谈话人之间的关系、说话者的情感态度等。

以下关于 John 的四句话是一段听力材料中的。

（1）John was in the bus on his way to school.

（2）He was worried about controlling the math class.

（3）The teacher should not have asked him to do it.

（4）It was not a proper part of the janitor's job.

当我们听到（1）句时，一般会认为 John 是个学生；而从（2）句判断，John 应该是教师；但（3）句子又推翻了这一判断；直到看到（4）句，我们才知道 John 原来是学校的勤杂工。在这个过程中，我们正是运用逻辑推理能力和必备的语法知识来推断 John 的职业。

三、大学英语听力教学的原则

（一）循序渐进原则

循序渐进原则要求教师在进行英语听力教学时应做到由慢到快、由易到难、由简到繁，而不能急于求进、一蹴而就，这主要是根据学生整体听力能力的水平和状态。

听力教学的循序渐进原则主要体现在听力材料的选择上。教师在选择听力材料时，需要考虑学生所在的学习阶段，挑选的听力材料应由易到难，逐步加强。比如，如果教学对象是初学者，教师就应选择吐字清晰，连读、弱读现象少，并且语速不能过快的材料。听力内容也应该贴近生活，以便学生理解，激发学生听的欲望和兴趣，让学生在听的过程中能够有所收获。随着教学的进程，教师可以在各个方面提高听力材料的难度，以满足学生的求知欲。

（二）多样化原则

在听力教学中，如果总是使用单一性的任务，容易使学生感到枯燥，失去学习的兴趣。教师应根据不同的教学目标、训练目的选择多样化的听力材料，并采用不同的训练模式，以此提高学生对英语听力的学习兴趣。比如，事前向学生提出一些问题，让学生听材料后做出答案；让学生听材料后复述主要内容。

（三）交际性原则

英语教学的最终目标是培养学生的英语交际能力，英语听力教学也不例外。听力训练的最终目的是培养学生听懂地道的英语的能力，以适应交际的需要。教师在平时上课时应该做到发音准确、语速正常，身体力行地引导学生使用英语进行交际。听录音是培养听力能力的有效方法，因而教师可以充分利用各种电教设备让学生多听不同年龄、性别、身份的人在不同场合的发音，以帮助学生提高听力理解能力。

（四）分散训练和集中训练结合原则

听力的分散训练主要是将听的活动分散于语音、语法、词汇、句型、课文教学中，让学生经常性地接受听力的专项训练，这种潜移默化的影响对学生听力的提高有很大的帮助。集中训练保证了听力训练的时间。几种训练使教师能够集中精力，根据不同学生的不同听力困难，加以具体帮助、指导，有效提高学生的听力能力。

由于听的活动要求注意力高度集中，因此时间一长就容易使学生疲劳，所以分散训练是一种有效的听力训练。但是分散训练进行时间短，缺乏系统的指导和安排，学生听力不易通过分散训练得到明显提高。因此，教师在听力教学中应该将分散训练和集中训练结合起来，在分散训练的基础上，每周专门抽出 1～2 课时对听力进行大量的、有指导的、系统的集中强化训练，对学生在听力中遇到的具体问题进行帮助、指导，提高听力教学效果。

（五）听说读写有机结合原则

英语教学是一个综合的有机整体，听说读写的能力是相互联系、相互制约的，而不是相互孤立的。因此，听力能力的教学要与说、读、写教学结合起来，做到听与读、说、写结合，只有这样才能有效提高听力能力，并带动其他技能的发展。

（1）听说结合。听和说作为交际的两个方面，是不可分割的整体。听是语言获得的必经过程，只有听到了、听懂了，才能说，最后给予反馈。听力练习的过程也是口语熟悉的过程，而口语训练的过程也是听力锻炼的过程，因而二者是相互促进的关系。在听力教学中，听说结合，看起来是有听有说，但是主要的目的和主要的活动是听，所以说的部分应以简略为主。在听力教学中，听说结合的教学方式主要包括：口头判断选择、口头回答问题、口头概述大意。

（2）听读结合。听和读都是语言输入的途径。听读结合二者可以同时进行，也可以先读后听、先听后读，还可以听读交替、交错、轮流进行。听读结合一方面降低了听的难度，使学生集中于一点；另一方面又将书面与口头相对照，有助于学生克服文字对听的干扰。让学生听读结合，不仅可以纠正学生的发音错误，还可以让学生模仿到纯正的语音、语调。长期坚持边听边读，随着听力输入量的增大，词汇复现率也会越高，对于常用词语就会越熟悉，在读与听时就可很快将这些词语从记忆库中调出、领会，从而提高对语言的反应速度，理解所读与听到的内容。

（3）听写结合。听写结合的最佳形式是听写练习，听写结合要求学生在听音会意的同时，还将听到的东西写出来，也就是要求学生做到听与写同步进行，注意力不能完全集中在听上。这种配合方式需要高度集中的注意力和对语言的敏感性，是测试听力的主要手段之一。

听写结合要求在有限的时间内将所听到的内容同步记录下来，是交际活动必备的一种技能，比如，听课要记笔记，接到别人的电话代为转告等都需要听写结合。教师在平时的教学中，尤其在听力教学中要有意识地将二者结合起来，帮助学生提高英语水平。

四、大学英语听力教学的模式

在英语听力教学中，很多教师习惯于放录音、重复、做练习、对答案、再听的单调教学方式，使学生逐渐对英语听力的学习失去兴趣，阻碍了英语听力能力的培养。为实施有效的听力教学，教师有必要了解、学习使用听力教学的基本模式。

（一）任务型听力教学模式

任务型听力教学模式强调听力学习任务的真实性，通过完成真实的听力任务来提高听力理解能力，不仅能够有效培养学生的合作意识和探究精神，而且可以不断提高学生对听力学习策略的应用能力。听力任务一般包括这几种类型：列举型，排序、分类型，比较型，问题解决型，分享个人经验型，创造型。

任务型听力教学模式包括三个阶段，即任务前（Pre-task）、任务中（While-task）和任务后（Post-task）。其中，任务前阶段主要是根据听力材料布置听力任务；任务中阶段由学生集体和个体准备听力任务，并展示成品；任务后阶段是结合学生听力任务展示所反映的问题，针对词汇、语法以及听力策略进行专项训练。

任务型听力教学模式也可以称为 PWP 听力教学模式，包括这三个阶段：听前（Pre-listening）、听中（While-listening）、听后（Post-listening）。

（1）听前阶段。教师可以通过预测、头脑风暴、提出问题、发现活动等方法，帮助学生确立听力目标、激活背景知识、展示话题等，并让学生对相应的语言形式、功能进行训练，帮助学生建立新图式或激活学生头脑中已有的图式，以更好地理解听力材料。

（2）听中阶段。在这一阶段，学生需要高度集中注意力来处理相应的语言信息，因此这是听力的关键阶段，也是教师最难以控制的阶段。教师可以通过采用丰富多彩的教学活动，如边听边记录、根据听力信息对相关内容排序、根据听力信息进行表演或绘出图片、填空等，帮助学生学会使用听力技巧、听力策略，训练学生的信息理解和听力技能运用能力，以更好地理解和记忆材料内容。

（3）听后阶段。这是巩固所学知识的阶段。这个阶段的练习活动应该是测试学生对听力材料的理解，而不是考查学生的记忆。在这个阶段，学生应该通过听后说、听后写、听后填表、听后进行创造性的语言输出等方法，通过完成多项选择题、回答问题、做笔记并填充所缺失的信息、听写等方式评估听力效果，达到巩固听力信息和技能的目的，同时为日后的英语学习奠定基础。

（二）文本驱动听力教学模式

在文本驱动听力教学模式下，人们理解口头语言的过程被视为对语言进行线性加工的过程，并且这个加工过程是从部分到整体进行的，即切分和理解构成单词的语音信号、构成短语或句子的单词、构成连贯语篇的短语或句子。因此，在这种教学模式下，教师应首先安排相当程度的听力技能训练和词汇、语法教学，然后再进行真正的听力理解训练。在进行真正的听力理解训练之前，教师应该先安排以下教学活动：语音练习，如最小语言单位练习，重读训练；单词、短语语音解码；词汇、句法结构的训练等。

（三）图式驱动听力教学模式

文本驱动听力教学模式强调语言知识在整个听力理解过程中所发挥的作用。不可否认，语言知识对听力理解有着十分重要的作用。不过实际上，即使没有语言知识障碍，学生有时仍然无法理解听力材料。图式驱动听力教学模式正是针对文本驱动听力教学模式的弱点提出的。图式驱动听力教学模式侧重激活听者已有的关于听力材料的图式知识，强调有关听力话题的背景信息、有关说话者的意图及态度等信息。因此，这种听力教学模式在听力理解教学之前先激活背景知识，组织学生预测所要听的材料内容，进而获得一个整体印象，而不是进行有关语音、词汇和句法的教学。

（四）交互式听力教学模式

交互式听力教学模式是以文本驱动教学模式和图式驱动教学模式为基础发展起来的，它基于这两种模式各自的缺点，并综合两者的优势即有效利用语言知识、图式知识，是一种比以上两种模式更加有效的听力教学模式。听力过程是一个复杂的生理和心理过程，只有语言知识或者图式知识，都不能有效地理解听力，听者必须综合运用已有的语言知识、图式知识，并采用适当的听力策略，对文本信息进行加工处理，才能准确理解说话人的意图，完成听力理解。

第二节 英语口语能力

口语是人类交流信息和表达思想的方式之一。在日常交际中，人与人之间的对话是应用最为广泛、最为普遍的方式。随着社会的高速发展，人们之间的交流日益快捷便利，运用口头语言的机会也越来越多，英语学习者提高自身的英语口语表达能力的愿望也越来越迫切了。在本节中，我们将会对大学英语口语教学的目标、内容、原则、模式，以及口语训练方法进行探讨。

一、大学英语口语教学的目标

英语口语能力的培养呈现阶段性的发展特点。针对处于不同口语能力阶段的学生，口语教学目标也会有所不同。在《大学英语课程教学要求》中，口语教学目标划分为以下三个层次。

（1）一般要求：能在学习过程中用英语交流，并能就某一主题进行讨论，能就日常话题用英语进行交谈，能经准备后就所熟悉的话题做简短发言，表达比较清楚，语音、语调基本正确；能在交谈中使用基本的会话策略。

（2）较高要求：能用英语就一般性话题进行比较流利的会话，能基本表达个人意见、情感、观点等，能基本陈述事实、理由和描述事件，表达清楚，语音、语调基本正确。

（3）更高要求：能较为流利、准确地就一般或专业性话题进行对话或讨论，能用简练的语言概括篇幅较长、有一定语言难度的文本或讲话，能在国际会议和专业交流中宣读论文并参加讨论。

由以上目标层次可知，随着英语学习的深入，口语教学目标的难度和深度不断加大。教师在口语教学中，应该根据学生的具体情况、教学计划的安排等设定口语的教学目标。

不过，尽管对不同层次的学生，口语教学目标有所不同。但是，有一个目标是不会变的——既要求准确，又要求流畅和得体。就口语教学目标而言，得体是最为重要的，而得体本身就包括准确。

二、大学英语口语教学的内容

口语教学以培养学生的口头交际能力为目标，其教学内容主要包括语言形式、语言文化、会话策略与技巧三个方面。

（一）语言形式

语言形式包括语音语调、词汇、语法知识及运用能力。词汇、语法主要指口头交际任务完成所需要的词汇和语法知识及表达能力。语言形式教学要求语言形式准确、流利、多样。

（1）语音语调。口语教学的内容首先应是正确的语音和语调，语音语调包括各种语音知识与发声技能，比如，音节、重读、弱读、连读、送气、减弱、停顿等。语音语调有一定的表意功能，人一开口说话，就涉及语音语调，如轻重缓急、高低起伏、音调音质等。单词、句子的语音语调发生变化，句子的意思也会发生变化，有时甚至意义相差甚远，而这可能会造成句子理解困难的后果，甚至使听者无法理解。

（2）词汇、语法。英语语言讲究语法规则，一个句子必须用合适的词汇和正确的语法才能表述准确。缺乏必要的词汇及语法知识，说话者就难以准确表达自己的意思，甚至会语无伦次；听者缺乏一定的词汇量和必要的语法知识，也很难正确理解说话者的意思，交际活动就难以继续下去。因此，教学内容应包含词汇和语法。

（二）语言文化

不同的语言承载着不同的文化。文化对语言的影响和制约主要表现在两个方面，一是对词语的意义结构的影响；二是对话语的组织结构的影响。要真正掌握一门语言，真正掌握正确进行跨文化交际的能力，做到交际得体，就必须掌握一定的文化知识，包括普遍适用的文化规则和不同文化之间的交际规则。

（三）会话策略与技巧

为了使用英语得体地进行语言交际活动，学生在学习英语口语时必须学习、掌握一些会话策略和会话技巧。

帝莫西（Timothy）认为，怎样开始说话是一个重要的问题，怎样结束谈话也是一个值得研究的问题。话题转换技巧对会话的成功起着至关重要的作用。对于本族语者而言，话题转换很容易而且很自然就可学会，但是对于二语学习者而言，却并非易事。无论是第一语言的口语学习，还是第二语言的口语学习，都必须学习关于交际的知识和互动的技能。

交际中非语言成分的能力要求学生掌握相应的策略。策略主要指交际策略和会话技巧，包括具体谈话中话轮的启动、保持、转变与终止策略，也包括引起注意、表示倾听和理解、插话、回避、转码、释义、澄清、求助策略。

口语与书面语有一定的区别，有其自身的语法和词汇。为了做到得体交际，英语口语教学必须有一些会话技巧的运用。常见的会话技巧包括问候、抱怨、道歉、宣布、请求、邀请、解释等。

三、大学英语口语教学的原则

英语口语教学主要是为了培养、训练学生对语言知识的转换能力，即让学生通过读和听获得信息，并在原有知识的基础上对它们进行加工、重组，并赋予新的内容，然后再输出语言，完成整个交际过程。为了达到这一目的，口语教学必须遵循相关的原则，以达到最佳教学效果。在大学英语口语教学中，教师必须遵循以下原则。

（一）系统化原则

听、说、读、写各项技能是英语学习过程中一个相互联系的统一体，各种技能之间相互交叉、相互影响、相互制约。因此，口语教学不能孤立进行，而应该与其他技能相结合，才能取得较好的教学效果。同时，英语口语表达作为其中一种技能，不能一蹴而就，而要通过逐步的、系统的训练进行培养。在整个英语口语教学中的不同阶段，应该有不同的内容、难点、重点、目标和方法。在整个口语训练过程中，教师需要由浅入深、由易到难、由机械模仿到自由运用，循序渐进地进行。比如，如果不考虑学生的英语水平就设定过高的目标，会使学生在开口时产生畏难情绪，从而打击学生的学习积极性，使学生失去学习兴趣；而如果目标过低，则会使学生对口语训练失去兴趣。

（二）互动性原则

语言使用能力是在互动中发展起来的，离开互动，学生的语言使用能力就难以得到提高。互动中潜藏着语言习得的机理。教师在英语口语教学中，不能将口语训练视为机械的训练，而应该认识到英语口语训练是一种互动的操作训练。互动性原则强调的是动，也就是对某一话题进行有意识的、动态性的练习。学生必须在互动的口语训练中练习自己的口语，才能有效提高自己的口语能力。

口语互动中涉及引出话题、话轮转换、请求澄清、请求重复、获得注意、获得帮助、结束谈话等会话技巧和策略。掌握这些口语策略与会话技巧将有助于交际活动的顺利进行，有助于预期交际目的的取得，如果教师在口语教学中总是单纯采用提问的形式，大部分学生都很少有机会开口说英语，这样的互动交流对提高学生的英语口语没有什么益处。为了使全体同学在课堂上都能够参与口语交流，教师应该多开展生生之间的互动训练活动，比如对话练习、小组讨论、角色扮演等。这种小组活动能让更多学生参与到英语口语互动中，为学生提供更多独立说话的机会和时间，有助于他们克服开口说话的焦虑感，不但可以有效提高英语口语能力，而且能够提高学生的学习兴趣、选择能力，培养学生的独立性、创造性等。

（三）情境化原则

语言的运用总是在一定的情境和场合下进行的，口语教学的目标之一就是使学生能够在不同的情境下说出得体的语言，而我国学生恰恰缺乏在真实情境下操练口语的机会。因此，在英语口语教学中，教师就要强调情境的重要性。情境是帮助学生理解的瓶颈，也是指导学生正确使用语言的关键。设置一定的情境进行口语练习，不仅可以检查学生恰当使用所学语言的情况，而且可以使学生学习在新的场景下创造性地运用语言，同时可以让学生在现实生活中碰到相关的交际场景时能够应付自如。

情境是丰富多彩的，针对每个情境所需要完成的任务也是多种多样的。教师在针对不同的教学内容确定情境时，最好设置和学生的生活经历、学生感兴趣的话题息息相关的情境，因为这些与学生息息相关的情境能使学生产生强烈的参与意识，增强学生参与口语交流的兴趣。例如，可以设定在家中吃饭的情境，让学生议论饭菜是否好吃，讨论某一道菜的做法，或者谈论天下大事。

但是，要设计贴近学生生活的、学生感兴趣的情境并非易事。为此，教师要做好以下工作：充分考虑学生交际的愿望和目的；设计有趣的主题或话题；把学生感兴趣的话题融入口语教学内容中。

（四）先听后说原则

先听后说，是指以听为基础，以听促进说的培养和提高。在交际活动中，听和说是相辅相成的两个方面，听是说的前提条件，在听英语的基础上练习说英语，才能保证后者的训练顺利进行。

学生通过听英美人讲话的录音，不仅可以接触到地道的英语语音、语调，而且可以获得知识信息，接触到英语词汇等表达思想所需的大量语言材料。当具备大量的语言材料时，才会有真正意义上的口语会话，这也是大量听的必然结果。此外，通过听还能启发学生说的强烈愿望，培养学生用英语思维的习惯。学生经常处于听英语的环境中，就会在不知不觉中进行模仿，开始开口说英语，逐步提高说的能力。

（五）课堂内外兼顾原则

课堂内外兼顾，是指口语教学不仅要注重课堂，还要兼顾课外。课堂的时间是十分有限的，分配给英语口语教学的时间更是少之又少，只依靠课堂时间难以有效提高学生的英语口语能力，因此口语教学需要与课外活动相结合。

课外活动是课堂教学的继续和延伸，是课堂教学的补充。教师不仅要注重课堂教学，还应该注重课外活动，为学生提供、创造条件，指导学生在不同场合运用所学知识进行正确、恰当、流利的口语操练，比如，组织英语角、英语演讲比赛、英文唱歌比赛等，让学生通过这些课外活动，复习、巩固所学的知识，培养学生说口语的兴趣，培养和提高学生的英语口语能力。

（六）平衡流利性和准确性原则

英语学习的目标之一是使学生能够使用英语准确而流利地表达自己的思想。口语作为一种产出性技能，既要求流畅，又要求准确，更要求得体。因此，教师在口语教学中应该首先强调流畅性，同时注意精确性、得体性。教师应设计一些能够鼓励学生自由使用语言、模仿真实语言的练习，既要训练学生语言的准确性，也要培养学生语言的流利性。一个真正的口语熟练者，既要求讲得自然、有创造性，又要求说得流利、准确。不过，在现实的交际活动中，交际活动的双方最关心、注意力最集中的地方是信息的传递，尽管不完整的句子、带有语法或逻辑错误的句子时常出现，但这并不影响交际活动的顺利进行。在某些情境之下，说的一方可能只说一个词，听话的人可能就已经完全明白其意思了。

总之，教师在进行口语教学时，不必要求学生必须一词不差地将话说全，也不宜为了纠正学生的错误而不断地打断学生的讲话。因为这样容易导致学生因为害怕犯错误而不敢开口。即使对一些必须纠正的口语表达错误，也应当在学生讲完以后再进行纠正。

四、大学英语口语教学的模式

口语教学一直是我国英语教学中的难题。我国缺乏说英语的自然环境，课堂口语教学就变得尤为重要，因此教师应该采取有效的口语教学模式，以求在有限的教学时间里，达到较好的教学效果。

（一）任务型语教学模式

口语能力的培养需要通过大量的互动才能实现，而任务型口语教学模式的特点之一就是包含大量的互动活动，学生在完成任务的过程中有大量的机会运用语言。

哈默（Harmer）认为，任务型口语教学模式是教师先让学生完成任务，在任务完成后，教师才与学生讨论语言的运用过程，并对学生在完成任务过程中出现的使用不当或错误给予恰当的建议、纠正。

任务型口语教学模式通常以完成某个任务为教学的起点，在完成任务的过程之中学习和掌握语言知识和语言技能，一般分为任务前、任务中和任务后三个阶段。

（1）任务前。即说前（Pre-speaking）阶段。说是以掌握一定的语言基础为前提的，因此说前阶段的主要目的是给学生做一些准备工作，包括语音、词汇、句型等语言基础知识上的准备，也包括文化知识的准备，还可以就话题做准备。这些准备可以使学生有足够的信息输入，掌握足够的口语表达材料，为下一步的练习奠定基础。

（2）任务中。即说中（While-speaking）阶段。在此阶段，学生分成小组，并在教师的指导和帮助下通过分组讨论等活动积极完成任务。在完成任务的过程中，学生围绕任务主动搜集资料，学习课外知识，并互相帮助学习口语交际策略，比如，表达错误之后进行自我纠正、无法理解对方的话语而进行询问等。通过这一阶段，不仅可以增加学生的英语口语材料的储备，而且掌握了自主学习的方法与步骤，并极大地激发了他们的学习兴趣、创造精神。

（3）任务后。即说后（Post-speaking）阶段。口头表达必定有一定的语用目的。在任务完成后，教师和学生需要对语用目的是否实现进行评价、总结，这是说后阶段的关注重点。教师在总结任务、评价学生的完成情况时，应该首先肯定、鼓励、表扬学生对任务的完成情况，同时也要适当指出学生在口语表达中所出现的错误，并归纳出某种句型的易错点，对特定任务的口语表达具体模式进行总结，使学生掌握必要的口语表达方式，从而使学生在将来遇到类似的交际场景、话题时，能够正确、得体地进行交流。

（二）3P口语教学模式

3P口语教学模式，即介绍（Presentation）—练习（Practice）—运用（Production）模式。3P口语教学模式，是由教师先介绍某个新知识点或技能，然后让学生针对这些知识点及技能进行练习，熟练掌握这些知识点或技能，最后运用所学的知识点或技能进行口语表达。3P模式包括以下三个阶段，每一阶段都有其目标，重点也不同。

（1）介绍阶段。本阶段主要通过举例、解释、示范、角色扮演、图片、影片等方法，介绍语法、结构、功能、交际技巧等内容，从而达到两个目的：一是确立形式、意义和功能；二是导入话题、激活背景知识，为训练做准备。

（2）练习阶段。在此阶段，教师通过对话、找伙伴、看图说话、图画排序等控制性或半控制性活动，为学生提供大量的口语练习机会，鼓励学生尽可能运用新知识进行反复操练，以不断提高语言运用的准确性。

（3）运用阶段。在这个阶段中，教师主要是组织和引导学生开展角色扮演、访谈、辩论、讨论、复述等交际性、创造性活动，使学生学会将所学知识与技能运用到新的语境之中，解决新的问题，锻炼、提高英语口语交际能力。

3P 口语教学模式具有教学目标清楚系统、教师易于执行检查、学生易于看到自己的学习成果的优点，可以有效培养、提高学生的口语交际能力。但是任何方法都不是完美的，3P 口语教学模式也存在一定的缺点。该模式下的练习或活动基本上都是复制式的，呈现阶段和练习阶段缺乏真实的交际需要，学生为练习而练习，缺乏创造性使用语言的机会，交际能力得不到应有的训练。

五、大学英语口语训练方法

口语能力的培养和提高需要通过大量的练习来获得。英语口语的训练方法有很多，下面我们介绍一些主要的口语训练方法，以促进英语口语教学的发展。

（一）基本句型操练

说是一种语言输出方式，需要有一定的语言输入为基础。英语中有很多句型是基本固定不变的，学生对这些基本句型进行操练可以积累必要的口语表达材料，为进行交际活动奠定基础。为了锻炼英语口语能力，基本句型的操练包括两个步骤：熟读、交际使用。这也就是文秋芳所说的口语表达能力发展的两大阶段：技能学习和技能运用。

有的同学认为背诵句型没有创造性，依靠背诵不能提高英语口语能力。然而实际上，熟读是交际使用的基础。英语中很多基本句式学生们都见过、学过，但是学过并不等于记住，更不等于能在交流中运用。熟读是把书本上的东西搬到脑子中的过程，更是使用这些句型的必经步骤。教师可以先选取基本句型，让学生听录音。在学生听熟之后，让学生跟着录音朗读或者跟着教师朗读。朗读可以是集体朗读、小组朗读或者个人朗读。为了消除学生的紧张、害羞情绪，可以先集体朗读，然后再进行个别朗读以测试学生的掌握程度。熟读基本句型对于准备使用句型进行交际很有好处。但是读熟了并不等于会使用。当学生熟记了一些基本句式后，教师要设计一定的说话情景和示范说话，让学生通过模拟对话等活动使用这些句式。比如，在熟读阶段学生已掌握 be going to 句型，这时教师就可以边准备放录音边示范说话和提问，让学生使用刚刚熟读的句型。

（二）配对对话练习

教师通过示范说话和提问回答，可以引导学生使用基本句型进行交际，但是教师与学生以一对多的方式进行练习，并不能做到人人参与，尤其是对于我国普遍存在的大班教学而言，学生练习口语的机会比较少，不但不能有效提高口语能力，而且可能会因参与性低而导致学生对英语失去兴趣。为了增加学生的口语练习机会，提高学生对口语训练的参与积极性，教师可以在课堂上采取配对对话的训练方法。配对对话练习，即把学生分成两人一组，在句型操练、师生对话和学生与学生对话的基础上，配对的学生进行有控制、同时又是自由的对话。控制是指要求学生使用规范的基本套路，自由是指可以扩展、补充其他材料和内容。

（三）话语结构练习

学生除了掌握基本句型，还需要掌握话语结构。话语结构就是说话的套路，说的句子之间的联系规律。掌握基本句型是为了掌握基本口语表达材料，而掌握话语结构，则可以使说话容易成套，使话语具有较强的逻辑性，因此可以说掌握话语结构就是学习如何连接口语表达材料，使之成为有意义的、有逻辑性的语段、文章等。所以，话语结构练习也是口语基本功训练。

口语交际的题材、内容、体裁、听话对象和交际目的不一样，话语结构也会有所不同。因此，说话人使用何种话语结构，不可脱离具体情况，必须根据具体情况来判断和决定。训练学生的口语能力，要分别按不同的话语结构来进行训练。由于题材、内容、对象、目的等多种多样，我们无法一一列举，因此，我们仅举两种话语结构来分析介绍。

（1）独白型。例如讲述、报告一件事情或讲故事、演讲等。根据讲述的层面、内容、次序和关系的不同，独白型的言语活动又有不同的结构。

在实际练习中，教师可以根据学生不同阶段的水平，组织学生有计划地进行逐项练习。比如，让学生回家准备一则笑话，然后轮流在全班讲。但值得注意的是，为了防止造成先写后背，最后再凭记忆"背话"而不是说话，教师不要过分强调事前准备，否则就不利于学生口语能力的提高。

（2）会话。用英语进行交际，口语中出现语法错误，对方往往可以谅解。但是如果交谈时所说的话不合英美人会话时的话语结构，则往往会被误解成不礼貌的举动，甚至会因此惹恼对方。因此，掌握英语会话结构是十分重要而必要的，采取会话练习可以有效提高学生的英语交际能力。会话型的话语结构决定了必须训练学生根据英美人士的会话习惯进行会话。例如，开始一段会话，用 Hello 表示说的意图；轮流说话或打断别人的话题时，一般要先说 "Excuse me，I am sorry to interrupt you." 等；结束谈话时，也有一定的表达形式，可以用 Well，OK 等表示某一话题谈得差不多了。这些会话结构看似简单，但是只有通过实际练习，才可以熟练掌握，才能锻炼学生的实际使用能力。

（四）情景说话练习

脱离特定的、具体的语境，很难培养我国学生的英语交际能力，只有在不同的交际环境中训练学生，才能培养学生在真实交际环境中交际的能力，才能培养学生准确、得体地用英语进行交际活动的能力。

但是，在我国以汉语为母语的环境之中，学生缺乏真正的英语交际环境，英语课堂是学生练习英语口语、使用英语口语进行交际的主要场所和机会。因此，教师在英语课堂教学中要创造各种情景，为学生提供英语语言环境，鼓励学生开口说英语，用英语进行口头交际，从而培养、提高学生的英语交际能力。

当然，由于环境和条件的限制，情景设计要做到真实化和情景化并不容易，教师可以采取看图说话、角色扮演、编故事等方式创设环境。比如，教师可以引导学生充分利用丰富的想象，连环说故事，可以由教师先开个头说一句话，然后叫学生各说一句接下去；也可以将过去发生的、学生既熟悉又感兴趣的事情作为题材来训练。

另外，教师可以抓住一切机会，利用师生的共同话题，训练学生的英语口语交际能力，例如与学生们一起谈学校、谈老师、谈班级、谈学习、谈一日三餐、谈交通、谈考试、谈一切可谈且学生想谈的内容。

第三节　英语阅读能力

一、大学英语阅读教学的目标

《大学英语课程教学要求》对阅读教学目标做了明确的规定，具体如下。

初级要求：

（1）能读懂一般性题材的文章，阅读速度达到每分钟 70 个词。

（2）能在阅读篇幅较长、难度较低的材料时，速度达到每分钟 100 个词。

（3）能根据阅读材料的类型和阅读目的选择合适的阅读策略，如略读、寻读等。

（4）能借助词典阅读本专业的英语教材以及题材熟悉的英文报刊文章，并能掌握文章主题，理解主要事实和细节。

（5）能读懂日常生活、工作中常见的英语应用文。

中级要求：

（1）能读懂英语大众性报纸、杂志中一般性题材的文章，阅读速度达到每分钟 70～90 个单词。

（2）能在阅读篇幅较长、难度适中的材料时，速度达到每分钟 120 个词。

（3）能读懂所学专业领域的综述性文献，正确理解中心大意，准确理解主要事实和细节。

高级要求：

（1）能读懂较难的文章，理解文章主旨，抓住文章细节。

（2）能阅读英语报刊上的文章。

（3）能顺利阅读所学专业的英语文献和资料。

在实际的英语阅读教学中，教师可参照具体的教学目标，适当调整或拓展教学内容。

二、大学英语阅读教学的内容

大学英语阅读教学和英语阅读教学的总体内容一致，都是培养学生的各种阅读技能，总的来说包括以下几个方面。

（1）辨识单词。（2）猜测陌生词语的含义。（3）理解句与句的关系。（4）理解句子言语的交际意义。（5）辨识衔接词，并能据此理解文章各部分之间的关系。（6）辨认语篇指示词语。（7）把握语篇的主要观点或主要信息。（8）总结语篇的主要信息。（9）从细节中理解主题。（10）将信息图表化。（11）培养学生基本的推理技巧。（12）培养学生的跳读技巧。

三、大学英语阅读教学的原则

（一）激发兴趣原则

兴趣是最好的老师，它能够激发一个人对事物的热情和学习的积极性。对英语阅读教学来说，只有学生自己对阅读产生兴趣，才会积极、主动、自主地去学习。可以说，兴趣因素在很大程度上决定了阅读教学的成败。尤其是对大学生而言，课上时间毕竟是有限的，只有出于兴趣，学生才会在课外主动地去阅读。因此，教师在阅读教学过程中一定要时刻注意激发学生的阅读兴趣，保持学生对阅读教学的新鲜感。例如，教师可以适当变化课堂教学内容、教学形式以及教学手段，避免枯燥单一的教学活动。

（二）因材施教原则

每个学生都有自身独特的个性，学生与学生之间不可避免地存在一些差异。尤其是大学生，他们已经学习了多年英语，因此在阅读习惯、阅读方法等方面大都形成了自己的特点。所以，在阅读教学过程中，教师一定要因材施教，对不同的学生采取不同的教学方法，确保每个学生的阅读热情都得以维持，阅读技能都得到发展。例如，有的学生英语基础比较好，阅读水平比较高，基本的阅读要求已经无法满足他们的阅读欲望，教师就可以给他们布置一些具有挑战性的阅读任务，适当向他们推荐一些英语名著等。而有的学生会因自己英语成绩较差而失去阅读信心，甚至自暴自弃，因此教师就应当在教学过程中不时鼓励和表扬他们，重树他们的自信心，同时给他们布置一些难度较小的阅读任务，然后逐步增加难度，帮助他们不断进步。总之，教师应根据不同学生的特点采用不同的教学方法和手段，并有意识地向他们提出不同的要求，做到因材施教。

（三）选择合适的阅读材料原则

上述提到大学英语阅读教学要遵循兴趣原则和因材施教原则，这就要求教师在教学过程中要为学生选择和推荐合适的阅读材料，即在选择时充分考虑文章本身的难度、思想性、知识性和多样性。

（1）就阅读材料的难易而言，其难易程度要与学生的水平相适应。影响阅读难易程度的因素有很多，归纳起来主要包括文本因素和读者因素两大类。

①文本因素包括文本的语言本身、语篇结构、内容主题、文章中是否含有辅助理解的内容。其中，语言本身是指文章中的词汇是否生僻，句子结构是否复杂；语篇结构是指文本中信息的组织方式是否符合规范的结构，结构清晰的文本更易于理解；内容主题涉及学生是否熟悉该主题，是否在有关方面存在较大的文化差异；辅助理解的内容则是指文章中是否附有图表、地图、照片、插图等各种有利于阅读理解的视觉辅助内容。

②读者因素包括读者自身的语言知识、百科知识、语篇知识。

（2）思想性和知识性是指教师在选择阅读材料时要考虑文章内容是否有利于学生的健康成长，是否能传递给学生新的知识。

（3）教师在选择阅读材料时，还要考虑文章的多样性，即要选择多种内容、多种文体的文章让学生阅读。这样才能让学生有机会体验各种内容和文体的阅读过程，认识各种文体的特征，了解更多的专业知识和背景知识。

（四）语言学习与思维训练并重原则

目前，大学英语阅读教学中普遍存在过于侧重语言学习而忽视阅读思维训练的现象。实际上，大学生已经具备一定的英语水平，在课堂上教师如果仍一味讲解语法和句型，注重学生单一的记忆性思维训练，而忽视了以内容为主的思维性训练，例如分析、比较、批判等，既无法激发学生的阅读兴趣，也不符合大学生思维能力发展的要求。因此，教师在阅读教学过程中应遵循语言学习和思维训练并重的原则，减少记忆性思维训练的比例，留出更多时间训练学生对文章内容理解分析、比较、讨论、批判的能力，并灵活设计与内容相关的各种思索性问题，激活学生的主动思维。阅读本质上是作者与读者之间的双向反馈过程，学生只有通过主动思考，在对文章内容分析、批评的基础上，得出自己的结论，才能真正培养自身的思维能力，也才能体会到思考的乐趣。

（五）速度与准确性平衡原则

传统的大学英语阅读教学强调理解的准确性，却忽视了学生阅读的速度问题。近年来，有人提出"阅读速度应当优先于理解的准确性"这一观点。其实，无论是过分强调理解的准确性还是片面追求阅读速度，都是不正确的。首先，理解的准确性和阅读的速度两者之间不应该对立起来。阅读的根本目的在于理解，因此阅读的速度也是理解的速度。其次，阅读的速度和准确性的确定应当根据阅读教学的目标来具体确定。例如，阅读有三种形式，即精读、泛读和速读，其各自的教学目标不同，因此对于速度和准确性的要求也就有所不同。此外，阅读速度的提升是一个循序渐进的过程，要随着学生英语水平的不断提高、词汇量的不断扩大、语法知识的不断增加而同步发展，不能拔苗助长。

阅读理解的准确性是指阅读理解的精确度和深度，阅读速度则是衡量阅读流利性的主要标准，两者是同一事物的两个方面，是相互依存的。因此，教师在大学英语阅读教学中要正确处理好速度和准确性两者之间的关系，既不能只顾读得快却没有理解，也不能因为理解而阅读速度太慢、效率太低，而是要做到准确中有速度，速度中有准确。

（六）阅读技巧与获取信息并存原则

这一原则和上述提到的遵循语言学习与思维训练并重的原则有相通之处。一方面，大学英语阅读教学的重要目标之一就是帮助学生掌握各种阅读技巧，如预测文章内容、跳读、略读、寻读等；另一方面，如果过于追求阅读技巧，就很难保证阅读的流畅性，也无法真正理解文章的内容。此外，学生学习的很多阅读技巧并没有得到真正有效的使用，很多情况下是因为仍然机械地从文章的第一行一直看到最后一行。

学生阅读一方面是为了巩固语言知识，提高阅读能力；另一方面是在理解的基础上获取新知识和新信息。因此，学生应当将"技巧"和"信息"两个因素巧妙地结合起来，运用灵活的技巧帮助自己有效快捷地获取信息，而不是"为了技巧而技巧"。教师也要注意不能仅停留在对阅读技巧的讲解层次上，而是要设计多种有效多样的阅读任务来检查技巧的应用情况，确保阅读技巧得到有效、自觉地使用。

（七）重视文化背景知识原则

学生在阅读时，不仅需要具备一定的语言基础知识，还要具备该文本所涉及的态度、价值观和共有的经历、对行为方式的期待、达到共同目标的方式等外部世界知识。一般来说，学生在阅读那些与自身具有相同文化背景的著作时会相对容易一些。可见，文本的语境和读者的背景知识会影响阅读理解。如果学生能够掌握一定的背景知识，并通过各种技巧激活这些背景知识，就能够弥补中西方文化中存在的语境空白，理解以英语文化为背景的文本。因此，大学英语阅读教学要遵循重视文化背景知识的原则。对教师来说，在备课时要精心选择阅读材料，理解并吃透其中存在的文化语境空白，充当背景知识和文化内涵的传递者，让学生通过一定的渠道了解要处理语篇的文化语境知识，提高学生的阅读理解能力。

四、大学英语阅读教学的方法

大学英语阅读教学的方法有很多种，这里我们从学生阅读的角度来探讨三种教学方法，分别是学生阅读前的教学方法、阅读中的教学方法和阅读后的教学方法。

（一）阅读前的教学方法

学生在阅读前的活动主要包括引出主题、提出问题、交代任务等，其目的是在尽可能短的时间内了解文章的相关信息，激活知识背景，尽快进入文章角色。

下面是阅读前的几种主要活动。

1. 激活背景

阅读是读者与作者之间的交互过程。要想真正理解作者的写作意图和言外之意，就要深刻了解作者所处的时代背景，了解作者的文化背景和实践经历。因此，阅读前的背景激活对学生正确理解文章，顺利进行阅读具有十分重要的意义。背景的激活可以通过以下几种方式实现，即提问法、头脑风暴法、概念图法、自由写作法。

（1）提问法

提问是最简便快捷的方式。教师可以设置一些与文章主题相关的问题，学生通过回答，可以激活对课文相关话题知识的了解，同时补充所需的相关图式。

（2）头脑风暴法

头脑风暴是一种常用的背景激活方式。例如，可以通过话题呈现方式，让学生单独回答或小组讨论，充分发挥学生的自主性和想象力，激活与话题相关的各种知识。头脑风暴不仅可以用于背景知识的激活，还可以用于词汇表达等方面的储备。

（3）概念图法

概念图实际上也是头脑风暴的一种方式，不过不是借助提问，而是以某一概念或话题等为核心构建一个可视的语义网络。例如，教师给出文章的核心词语，学生围绕该词语自由讨论，列出与此关键词相关的其他词语，建立一个以此关键词为中心的图谱。

（4）自由写作法

自由写作法也是一种有效激活背景的方式。例如，教师可以在学生阅读之前让他们就阅读话题自由写作 5 ～ 15 分钟，写作的重点放在内容上，不必拘泥于拼写、语法等语言形式的准确。学生在写作时要尽量将脑海中的所想全都表达出来，且不要返回检查。学生写完后可以相互分享，丰富相关知识。需要注意的是，这种方法对学生的语言表达能力要求较高。

2. 清除障碍

对于学生而言，词汇可以说是造成阅读困难的最重要的因素，因此教师在学生阅读前应采用各种形式如对话、故事、图片等对学生进行词汇灌输，清除学生的词汇障碍，从而帮助学生顺利阅读。教师还可以在课前指导学生预习，并布置一些适当的预习题，这样不仅可以使学生明确预习的目标，做到有的放矢，还可以培养学生学习的积极性，同时能为课堂教学的顺利进行做好心理和知识上的准备。

3. 预测情节

阅读情节的预测对于阅读的顺利完成十分有利。通常来说，题目体现着一篇文章的中心，因此教师可以依据文章的题目引导学生去预测课文的内容。此外，教师还可以向学生提供一些文章关键词，给学生充分的想象空间，引导学生大胆预测课文内容，然后通过阅读来验证自己的预测。对文章情节的预测不仅可以激发学生的好奇心，还可以帮助学生巩固已有的知识，培养良好的逻辑推理能力。

（二）阅读中的教学方法

阅读中的教学方法主要涉及以下两个方面。

1. 阅读策略的训练

阅读策略是指帮助学生理解文本的策略。下面我们结合阅读策略的分类，来介绍各种阅读策略的训练方式。

（1）生词处理策略。生词处理策略包括词义猜测和生词跳跃。学生既要在阅读中根据各种技巧猜测词义，也要在遇到生词时灵活跳过，而不是停下来长时间猜测词义。对于教师来说，可以为学生提供与课文中的生词所处同样的语境，让学生运用各种技巧，训练处理生词。

（2）文本阅读。文本阅读是指学生在阅读课文时争取弄懂课文的每个句子与段落。对此，教师要为学生提供需要分析句子结构理解的文章让学生阅读。

（3）选择注意力。选择注意力是指在阅读时要集中注意力。教师可以通过问题提示和阅读控制表来帮助学生在阅读中集中注意某些具体信息。

（4）图式利用。学生在阅读过程中通过文本联系自己已有的知识，可以加深对文章的理解，因此教师可以在文章的相应部分提示学生进行文本与图式之间的联结。

（5）文本利用。这是指学生根据已知信息对文章的深层含义做出判断和推理，弥补空缺信息；利用信息词如 so，but，for example 等判断作者的观点或论点。教师可以根据文章的特点来设计推理问题，在学生完成任务后介绍自己是如何利用上下文信息等进行推理的。

（6）整体阅读。即采用自上而下的阅读模式，将文章视为连贯的整体。教师可以为学生提供一些适合整体阅读的文章，并让学生在阅读后分享自己阅读的感受。

（7）策略调控。这是指根据不同的阅读目的，灵活采用各种阅读策略。教师在阅读教学中要为学生提供风格各异的文章，训练学生不同的阅读策略。教师也可以针对同一文章为学生设计不同的阅读任务，要求采用不同的阅读方式，并让学生介绍分享。

（8）信息分析。信息分析在阅读中是很重要的，学生要区分哪些是事实信息或客观信息，哪些是作者的观点信息。教师可以为学生提供不同类别的信息让其分类，训练其区分信息的能力。

2. 阅读技能的培养

阅读技能从本质上来说是一种无意识行为，学生只有可以无意识地使用某种技能获取信息、理解文本、完成任务，才能算是真正掌握了某种技能。

（1）词义猜测

词义猜测是一种重要的阅读技能，学生在阅读过程中必然会遇到大量的低频生词，而这些生词对理解原文很重要，因此掌握词义猜测策略是很有必要的。培养词义猜测技能可以通过以下几个途径实现。

①通过提问了解学生对单词或短语的理解；②对有关单词或短语进行替换练习；③对单词的构成进行分析；④对单词释义进行分析。

词义猜测技巧对学生的要求比较高，例如，学生需要具有一定的语言水平，具备足够的学科背景知识等，此外还必须掌握足够的词汇量。因此，词义猜测技能需要学生不断地操练，进行大量的实践。

（2）略读

略读是指快速阅读文章以了解其内容大意的阅读方法。略读是一种选择性的阅读，即只注重文章的大意，对细节和例子则无须多加关注。具体来说，略读时可以有意识地略过一些词语、句子甚至段落。有时只需选读每段的首、尾句，有时则只要指出段落的主题句，抓住阐述主题的主要事实或细节即可，无须逐字逐句阅读。下面是一些常用的略读技巧。

①特别关注文章的题目、小标题、黑体字、斜体字以及划线部分。文章题目往往是内容的宗旨，它能很好地帮助我们预测文章的主旨大意。因此，在阅读时要特别关注文章的题目。而黑体字、斜体字和划线部分则是提醒学生这一部分是很重要的信息。因此，在阅读的过程中也应对这些内容加以关注。

②着重阅读段落中的首句和末句。段落的首句往往是主题句，而末句常常是结论句。因此，在阅读的过程中应对段落的首句和末句进行重点阅读。

③留心关键词和关联词。关键词可以反映在特定的场景下谈论的是什么话题，而且关键词大多同文章的主题有关，利用关键词可以推测文章的主题。因此，在阅读的过程中应注意这些关键词。另外，在阅读中还要关注一些关联词。关联词包括很多种，有表原因、递进、顺序、转折等等。通过关联词，我们可以预测下一段与上一段的关系，由此判断作者的思路和观点。

（3）跳读

跳读是为了准确定位详细而又明确的信息，在采用这种阅读方法时，通常需要采取以下几个步骤。

①要理解所提出的问题，然后确定解决问题所需要的信息及这种信息的出现形式。

②根据问题提供的线索，再回到文中去，明确到哪里去寻找所需的相关信息。

③快速搜索，找到所需的相关信息，并对其进行加工处理。阅读问题中要求选出时间、地点、人物、做事的方式、事情的起因、结局，可以边读边划下来做

记录，以便于查找。

④对于一些无关紧要的信息，可以省略不读。

⑤返回到问题中，比较分析问题中的四个选项，确定哪个是最确切的信息。

（4）扫读

扫读不要求学生仔细阅读整篇文章，只需从上至下迅速搜索所需内容即可。这种寻找文章中的特定信息或特定词组的方法，能有效提高阅读的速度和效率。在扫读的过程中，学生可以忽略那些与题目无关的信息，积极寻找那些与题目要求相关的信息。

（5）推理判断

有时候所需信息并不能从文章字面意思上看出，此时就需要学生进行推理判断。推理判断要求学生以理解全文为基础，从文章提供的各个信息出发，对文章逐层进行分析，最后准确推断出文章的中心思想。

（6）信息转换

阅读教学中常采用信息转换的方式来辅助教学，以便使学生加深对文章的印象。在阅读教学中常使用的转换方法有表格、图画、加小标题、流程图、条形统计图、地图、树形图等。这样的转化方式可以将文中的形式信息转化为可见信息，把文章中的信息保留在记忆中，从而加深印象。

（三）阅读后的教学方法

阅读后阶段是学生对所学知识的巩固和运用阶段，目的是巩固和拓展学生在阅读过程中所学的语言知识，并培养其说和写的能力。因此，阅读后的教学也是一个十分重要的环节。在这一阶段，教师应设计一些与课文内容有关的活动，给学生提供能充分发挥其创造力和想象力的机会，让他们自如地表达读后的感受。阅读后的教学方法有以下几种。

1.复述

复述的前提是学生对阅读材料有了一个大致的了解，并清除了生词障碍。教师可以让学生根据图片和关键词来复述阅读材料的大致内容。

2. 转述

转述针对的是对话性质的语篇。教师可以引导学生使用第三人称将对话性的语篇转述为描述性的语篇。

3. 填空

设计这一活动时，教师可将课文的大致内容写出，然后留一些空白让学生填写，但学生填写的词汇和短语尽量要有所不同。

4. 写作

写作在这里指的是对阅读材料的仿写和续写。教师可以让学生根据一篇阅读材料写文章的摘要。如果阅读材料是一篇叙事性文章，可以让学生展开想象，对文章中的故事进行续写。

第四节 英语写作能力

一、大学英语写作教学的目标

关于大学英语写作教学的目标，教育部颁布的《大学英语课程教学要求》中有明确的说明，主要分为以下三个要求。

（一）一般要求

（1）能掌握基本的写作技能。

（2）能写常见的应用文。

（3）能描述个人经历、观感、情感和发生的事件等。

（4）能在 30 分钟内完成不少于 120 个词语的一般性话题的短文，且中心明确，结构完整。

（二）较高要求

（1）能就一般性主题表达自己的观点。

（2）能描述各种图表。

（3）能写所学专业的概要。

（4）能写所学专业的英语小论文。

（5）能在30分钟内完成不少于160个词语的短文，且内容充实，条理清晰，语句简洁流畅。

（三）更高要求

（1）能以书面形式比较自如地表达个人的观点。

（2）能用英语撰写所学专业的简短的报告和论文。

（3）能在30分钟内完成不少于200个词语的各类作文，且逻辑性强，观点明确。

二、大学英语写作教学的内容

（一）结构

1. 谋篇布局

谋篇布局对于写作来说是非常重要的。因为结构是写作的基础，学生有必要了解不同体裁、题材文章的谋篇布局，根据写作目的选择适当的扩展模式。但谋篇布局并不是一成不变的，而应根据题材和体裁的不同而不同。在不同的文章中，主题句、扩展句及结论句的作用是不尽相同的。例如，在说明性文章中，主题句的作用是介绍主题，扩展句的作用是以时间、重要性等顺序扩展细节，说明主题，而结论句的作用则是概述细节，重述主题。而在议论性文章中，主题句的作用主要是陈述读者认为正确的观点，扩展句是以说明的顺序扩展细节阐述原因，而结论句主要用于总结和重述论点。

2. 完整统一

文章的完整统一是指所有的细节都服务于主题，围绕主题陈述和展开，所有的信息都要与主题相关，与内容切题。所有偏离主题的句子都要删除，同时保持文章段落的完整性。

3. 和谐连贯

是否连贯和谐是判断一篇文章好坏的标准之一，因此在写作的过程中必须注重文章的连贯性和逻辑性，保证句子与句子之间紧密相连，内容之间衔接流畅，段落与段落之间环环相扣，使整篇文章流畅自然、和谐统一。

保证文章流畅、段落紧密、句子严谨的一种有效方法就是使用恰当的起连接作用的词或词组，这些词和词组的使用可以使行文流畅，并引导读者随着作者的思路去思考问题。此外，过渡语的使用也可以起到增强文章连贯性的作用，但在写作的过程中要注意，过渡语既不能不用，也不能滥用。

（二）句式

英语中句式的种类繁多，常见的句式有强调、倒装、省略等，并且每一种句式的变形又是多种多样的。在写作教学中，教师可采用"示范"和"讨论"的方式，让学生进行练习，增强学生对句式的认知，引导学生掌握正确的表达方式。

（三）选词

词语的选择也是英语写作教学的重要内容。选词与个人爱好和兴趣有关，它体现着一个人的写作风格，是作者与读者之间交流的方式之一。词的选择要考虑语域的因素，如褒义词与贬义词的选择，正式词与非正式词的选择，具体词与概括词的选择，形象词的选择以及拟声词的选择等。此外，词的选择要考虑对象和角色等因素。

（四）拼写与符号

拼写与符号主要涉及学生的基础知识，包括单词的拼写和标点符号的正确与否。这些虽是一些细节问题，但对写作有着重要的影响，因此构成了英语写作教学的重要内容之一。因此，在设计写作教学方式和内容时应将拼写和符号这些因素考虑进去，以增强写作教学的策略性和有效性。

三、大学英语写作教学的原则

（一）循序渐进原则

虽然大学生在入学前已经学了多年英语，但其写作水平却不容乐观。当然，英语写作能力的提高不可能一蹴而就，而是一个由简到繁、由易到难、循序渐进的过程。卜玉坤教授曾经提出了"大学英语写作分阶段教学的具体方案"，大致分为以下十个阶段。

（1）写简单句。

（2）写复合句。

（3）段落的组成及要点。

（4）段落的发展方法。

（5）文章的文体类别。

（6）文章的结构。

（7）写作步骤。

（8）写作的书面技术细节与修辞手段。

（9）范文分析和题型仿写。

（10）独立撰写实践。

大学英语教师在教学过程中，应当根据学生的实际情况，包括所处的学习阶段以及实际水平进行指导，安排写作活动。

（二）任务原则

传统的大学英语写作教学往往存在教学语言脱离语境、脱离功能的现象，这样造成的消极结果有两个：一是学生虽然可以建构准确的语言形式，但却无法用这些形式得体且完整地表达意义；二是所学语言脱离实际生活，无法调动学生的积极性。而任务化教学可以通过让学生完成一系列的任务达到教学目标，让学生在执行写作任务的过程中充分感受语言形式和功能的关系以及语言和语境的关系。因此，大学英语教学应当坚持任务原则。

（三）综合原则

大学英语写作教学要遵循综合原则。语言的四项基本技能听、说、读、写是相辅相成、相互促进的。写作绝不是单纯的写，也不能单纯的写，而要与其他技能相结合，这样才能使得写作课堂生动有效。例如，通过阅读，学生可以获取信息，并发现自己写作中的问题；通过课堂上的讨论，学生可以相互交流写作的意见，逐步完善自己的写作。可以说，无论是写作前的准备，还是写作后的校对，听、说、读都贯穿了整个写作活动的始终。

（四）采用多种表达方式原则

在英语中，同一个意义有着多种不同的表达方式。丰富的表达手段不仅可以有效弥补学生在语言知识上的不足，还可以提高学生灵活运用语言的能力。因此，在大学写作教学的过程中，教师要鼓励学生采用不同的表达方式。例如简单句"I got up late this morning.I hadn't caught the early bus. I was late for class."就可以采用以下多种方式来表达：

（1）I was late for class because I got up late this morning and I hadn't caught the early bus.

（2）I was late for class. It was because I got up late and hadn't caught the early bus.

（3）As I got up late this morning and I hadn't caught the early bus，I was late for class.

（五）正确对待错误原则

学生在写作过程中出现错误是很正常的，也是不可避免的。教师对待学生错误的态度会直接影响学生写作的兴趣与动机，正确的态度可以激发学生的写作兴趣，反之则会打击学生的积极性。因此，教师应该宽容对待学生写作中存在的错误，鼓励学生在写作中大胆使用新的词汇，这样可避免他们为了追求语言的准确性而回避使用新的语言形式。当然，对那些学生经常或集中出现的错误应当进行详细讲授，以免学生再犯错。

四、大学英语写作教学的方法

（一）选题构思方法

文章的写作离不开构思，构思是写作的前提。选题构思方法主要有以下几种。

1. 思绪成串式

所谓思绪成串式是指将主题写在纸中间的一个圆圈里，一想到与主题相关的关键词就写下来，并画个圈。然后将这些观点进行总结归纳，最后确定写作思路。

2. 自由写作式

自由写作式是指学生在看到题目的同时，大脑就开始围绕主题展开思考，并将头脑中形成的与主题相关的信息及时记录下来。将脑中所想的记录完毕之后，再回头阅读所写的内容，从中挑选出有用的信息，其余的可以放弃，这样写作的思路便打开了。

3. 五官启发式

五官启发式主要是通过所看、所听、所闻、所尝等几个方面去搜寻与主题有关的材料，当然这些方面也没有必要面面俱到，主要抓住其中一点或两点即可。

（二）开篇方法

完成对选题的构思，下面就要开始文章的写作了。一般来说，一篇文章的开头要出彩且引人注意，这样才能吸引读者继续读下去。下面我们就介绍几种常用的开篇方法。

1. 开门见山式

开门见山是指在文章的一开始就提出观点，突出文章主题。这是一种很常用的开篇方法。

2. 描写导入式

描写导入是指通过描写背景导入正题。

3. 下定义式

下定义的方法是指在开篇给出必要的解释说明，以帮助读者理解。

4. 提问式

提问式的方法就是通过提问的形式开篇，目的是激发读者的好奇心，吸引读者的注意力。

（三）衔接方法

一篇好的文章不仅要保持内容上的完整，还要保持结构上的连贯性，也就是文章结构条理清晰，层次分明，各个部分有机结合、紧密连接，句子或段落之间不能前后脱节、语无伦次。因此，需要运用一些衔接手段，确保文章结构流畅、衔接自然。常见的衔接手段有使用平行结构、保持名词和代词的人称和数量一致；动词时态一致、使用过渡词语、使用代词、重复关键词语等。

（四）结尾方法

1. 总结式

总结式是在文章结尾处对全文进行概括总结，以揭示主题，加深读者的印象。

2. 建议式

建议结尾式主要是针对文中讨论的现象或问题，提出建议或解决方法。

3. 展望式

这种方法主要是在文章结尾表达对将来的期待，可以很好地提升文章的感染力。

4. 警示式

这种方法主要是根据文章论点，在结尾处揭示问题的严重性，以引发读者的思考。

第五节 英语翻译能力

一、大学英语翻译教学的目标

根据《高等学校英语专业教学大纲》的要求，英语翻译教学目标主要涉及以下两个方面。

（1）对六级（相当于第六学期结束）翻译课程的单项要求：初步了解翻译基础理论和英汉两种语言的异同，并掌握常用的翻译技巧，能将中等难度的英语篇章或段落译成汉语，译文忠实原文，语言通顺，速度为每小时 250 ～ 300 个英文单词；能将中等难度的汉语篇章或段落译成英语，速度和译文要求与英译汉相同。能担任外宾日常生活的口译。

（2）对八级（相当于第八学期结束）翻译课程的单项要求：能运用翻译理论与技巧，将英美报刊上的文章以及文学原著译成汉语，或将我国报刊上的文章和一般文学作品译成英语，速度为每小时 250 ～ 300 个英文单词。译文要求忠实原意，语言流畅。能担任一般外事活动的口译。

二、大学英语翻译教学的内容

（1）翻译基础理论。学习翻译基础理论能够帮助学生从宏观上把握和决定组织译文的思路。组织译文的思路正确了，即使有一些小的错误，学生改动起来也比较方便。如果思路不正确，整个译文就要推翻，重新组织。

（2）翻译技巧。翻译技巧就是为了保持译文的通顺，在内容大致不变的前提下；对原文的表现方式和表现角度进行改写的方法。常用的翻译技巧有调整语序、转换词性、正译与反译、增补与省略、主动与被动、句子语用功能的再现等。

（3）英汉语言对比。英汉语言对比不仅要在语言层面的语义、词法、句法、文体篇章上进行比较，掌握其异同，还要对文化层面、思维层面进行对比，以便在传译过程中完整、准确、恰当地传达出原文的信息。

（4）翻译实践。翻译实践实际上就是讲授如何更好地翻译，特别是如何在翻译理论的指导下进行翻译。因此，如何科学、合理地构筑翻译学的理论体系，并尽快将其运用到翻译教学中，也是翻译学研究的重要课题之一。

三、大学英语翻译教学的原则

（一）循序渐进原则

翻译活动应当遵循由浅入深、循序渐进的规律，所选的语篇练习也应该是先易后难。从篇章的内容来看，应该是从学生最熟悉的开始；从题材来看，应该从学生最了解的入手；从原文语言本身来看，应该是从浅显一点的渐渐到难一些的。这样由浅入深，学生学习起来自然会有信心，并且会逐渐培养起对翻译的兴趣与热爱。

（二）题材丰富原则

当今社会需要的是实用型、综合型的翻译人才。因此，为了适应社会各方面对翻译人才的需求，翻译练习的材料应该多样化和系统化。例如，翻译的文体应该涵盖应用文体、新闻文体、广告文体、法律文体、文学文体等。每一种文体练习一段时间，直到学生能基本做到触类旁通，然后进行另一种文体的训练。教师还要对每一种中英文文体的功能和特点进行介绍，以便学生了解，并在练习中加以体现。此外，文体翻译练习并不是单一进行的，可以将翻译中常见的问题与各文体的练习结合起来。例如，某类翻译问题在某种文体练习中出现得比较多，在其他文体中则出现得较少，教师就要及时解决这些问题，将问题的解决与文体语篇的练习结合起来。

（三）培养翻译能力与翻译批评能力相结合原则

教师在培养学生翻译能力的同时，还要注意提高学生的翻译批评能力。批评能力是指要对别人的译作进行客观的评价，既要点评优点，也要批评缺点，还可以对错误的地方进行修正。这样做有利于学习他人的长处，并反思自己的错误，避免以后再犯。当学生能够对别人的译作进行翻译批评，也就能对自己译作的优劣心知肚明了。

（四）翻译速度与翻译质量相结合原则

翻译教学的目的在于培养学生的翻译能力，不仅包括技巧的掌握，译文质量的保证，还包括较快的翻译速度。因为在实际的翻译活动中，常常会有催稿很急的情况发生，如果翻译速度太慢，可能会完不成翻译任务。因此，在翻译教学过程中，教师要经常提醒学生这一点，有意识地培养学生提高翻译速度。

例如，教师在教学过程中可以经常做课堂限时练习，如英译汉练习的量可以先从每小时 200 个左右的英文单词开始，以后逐渐增加到每小时 250 ～ 300 个英文单词甚至更多。此外，对于课后练习也可以让学生尽量在规定的时间内完成练习任务。

（五）注重实践原则

实践性是翻译教学的一个重要特征。尤其是对大学生来说，毕业后在工作中可能面临各种各样的翻译任务。因此，在学校学习期间，学校和教师就应努力为学生创设各种实践锻炼的机会。例如，可以让学生到翻译公司参与实际的翻译，体验一下实际的翻译过程。这一方面可为学生的学习增添动力，促进他们学习积极性的提高；另一方面还可以为学生进入社会、适应社会做准备，有利于他们毕业后更快地融入社会。总之，教师要认识到，翻译教学不仅仅是技能培养课，而是一个实践性很强的课程体系。

四、大学英语翻译教学的方法

（一）图式方法

图式也就是一些知识的片段，它以相对独立的形式保存在人的大脑记忆中，对言语的理解其实就是激活大脑中相应的知识片段的过程。人从出生开始就在与外部世界接触的过程中逐步认识周围的事物、情景和人，同时在头脑中形成不同的模式。围绕不同的事物和情景，这些认知模式就逐渐形成了有序的知识系统。作为人的头脑中关于外部世界的知识的组织形式，图式是人们赖以认识和理解周围事物的基础。因此，将图式引入翻译教学当中具有十分重要的意义，因为它可以成功地激发学生头脑中与文本相关的图式，使学生对原文有一个正确的理解。

在具体翻译的过程当中，教师可以为学生提供一些语言材料，这些材料需要激活图式才能正确理解，然后要求学生根据这些材料进行翻译。同时，教师要帮助学生记忆语言的形式和功能，调动相关的图式，以帮助他们修正和充实对事物的认知图式。

（二）推理方法

推理是指从已知的或假设的事实中引出结论，是一个相对独立的思维活动。翻译时运用推理策略，能有效增加信息，把握事物间的联系，促进语言的理解。因此，在翻译教学过程中，教师要有意识地介绍给学生一些常用的推理技巧，如利用逻辑词进行推理，根据作者的暗示进行推理，根据上下文进行推理等，以培养学生的推理能力。

（三）语境方法

所谓语境也就是言语环境，包括言语的宏观环境和微观环境。其中，宏观语境包括话题、场合、对象等，它使意义固定化、确切化。微观语境是词的含义搭配和语义组合，它使意义定位在特定的义项上。在翻译过程中，宏观语境和微观语境都要考虑到，只有两者相结合才能准确界定话语的含义。同时，译者不仅要依据自己的语言知识获取句子的意义，还要根据原文语境中的各类信息进行推理、思辨，获取原文作者想要表达的深层意图，进而确定相应的译文，准确表达原文的意思。

翻译中的理解和表达都是在具体的语境中进行的，词语的选择、语义的理解、篇章结构的确定都离不开语境，可以说语境是正确翻译的基础。因此，在具体的教学过程中，教师要引导学生在理解原文的基础上紧扣语境，反复推敲，以达到准确传达原文意义的目的。

（四）技巧方法

在大学英语翻译教学过程中，教师要注意向学生传授一些翻译技巧，促进学生的自主学习。下面我们就介绍几种翻译过程中常用的技巧。

1. 直译法

所谓直译，就是在不引起错误联想和误解的情况下，在符合译文语言规范的基础上直接进行翻译的一种方法。换句话说，译文仍采用原文的表现手段，句子结构和语序不作调整或不做大的调整。

例如：Failure is the mother of success. 失败是成功之母。

2. 意译法

意译就是根据原文词语的含义使用意义等同的目的语来表达的一种翻译方法。换句话说，译文会采用新的等效的表现手段，句子结构也可能做较大的调整。这是因为每一个民族的语言都有着不同于其他民族语言的词汇、句法和表达方式，如果采用直译的方法进行翻译，很难使原句的意思表达得贴切明白，因此只能采用意译的方法。意译法不要求拘泥于原文的形式，但强调在保持原文内容的基础上力求名副其实，恰到好处。

例如：Don't cross the bridge till you get to it. 不必自寻烦恼。

Do you see any green in my eye？你以为我是好欺骗的吗?

3. 释义法

当译入语中无法找到与原文相对应的词语，而采用其他译法又无效时，就可以采用释义的方法进行翻译。所谓释义，就是舍弃原文中的具体形象，直接解释出原文的意思，对原文进行恰当的阐述。采用这种方法进行翻译时要注意释义准确，行文简洁。例如：

It's not easy to become a member of that club—they want people who have plenty of money to spend，not just every Tom，Dick，and Harry.

要参加那个俱乐部并非易事——他们只吸收手头阔绰的人，而不是普通百姓。

Tom，Dick 和 Harry 都是英美常见的人名，这里泛指任何人，相当于汉语中的"张三、李四"。因此，这里不适宜直译，只能用释义法。

4. 反译法

所谓反译，就是指将原文的肯定形式译成否定形式或者把否定形式译成肯定形式。英汉语中都有从正面或反面来表达一种概念的现象。而由于语言习惯的差异，英语和汉语的正说与反说在形式上也常有不同。因此，在翻译过程中，有时需要采用反译法。例如：

We must never stop taking an optimistic view of life.

我们要永远对生活抱乐观态度。

Why do you dislike him so much ?

你为什么那么讨厌他?

5. 分译法

分译法是指为了使译文更加符合译入语的表达习惯，而将原文中较长的句子成分或不易安排的句子成分另作处理，一般译为短语或独立结构。分译一般分为单词的分译、短语的分译和句子的分译。

例如：

They relentlessly tear at the flowers they see. 他们见花就摘，毫不爱惜。

Their power increased with their number. 他们人数增加了，力量也随之增强。

6. 英汉同义法

在英汉两种语言中，有一些谚语无论在意义、形象还是风格上都比较相似，此时可采用英汉同义法进行翻译。这种翻译方法要求译者不仅能准确地理解原文的意思，还要有较深厚的文学功底，掌握一定数量的中、英文谚语，并能熟练地运用这些谚语。例如：

burn one's boats 破釜沉舟

great minds think alike 英雄所见略同

add fuel to the flames/ pour oil on the flames 火上浇油

第四章　大学英语的主要教学方法

本章主要介绍大学英语的主要教学方法，包括交际教学法、情境教学法、任务教学法、内容教学法、语法翻译法、过程体裁法、听说法、产出导向法等英语教学方法等。

第一节　交际教学法

一、交际型教学法的含义

（一）交际能力

交际型教学法的根本目的是培养学生的交际能力。因此，在介绍交际型教学法的含义之前，有必要先了解一下交际能力的有关知识。

1. 交际能力的含义

社会语言学家海姆斯（Hyams）根据乔姆斯基（Chomsky）的"语言能力"提出了新的概念"交际能力"。乔姆斯基是美国的转换生成学家，他在 20 世纪 50 年代提出了"语言能力"这一概念。乔姆斯基总结了相关观点，语言能力并不是简单地将句子组织起来的能力和句子理解的能力，也不是应付事物的能力，语言能力是一种抽象的原则系统和知识体系。海姆斯与乔姆斯基的观点不同，他总结出语言能力就是使用语言处理事物的能力，因此"交际能力"的概念得以诞生。交际能力包含两方面的内容，一方面是对语言的形式理解与掌握；另一方面是人们对这种语言掌握的程度使他能在一定场合中用不同的语言形式跟人进行交流，拥有完善的交际知识体系。海姆斯的交际能力理论在英语教学中产生了很大的冲击，人们对语言的研究范围进一步拓宽，对传统的英语教学是一种深刻的冲击。

　　学生学习英语就是为了和他人交流的，但是在实际的教学中，学生常常会因为掌握的英语知识不够并且对英语国家的社会文化交际规则也不够了解，导致在现实的交际中只会采用书面化的英语表达方式与人交流。另外，他们还有可能会创造出一些不能被英语国家的人所接受的句子。比如，学习者如果在咖啡店里点餐的时候这样说：Please bring more coffee. 是难以被人理解的。实际上，比较正确得体的表达方式应该是：Could I have another cup of coffee，please？因此，语言的掌握不仅在于对语言的结构形式的掌握，还要了解语言的不同形式在不同场合的使用情况，这样造出的句子才能合乎语法规则，并且确保语言使用恰当。

　　2. 交际能力的组成

　　对交际能力的组成部分，语言学家做出了十分详细的阐述。交际能力主要由四部分组成，包括语言能力、社会语言能力、话语能力以及策略能力。

　　（1）语言能力，也称语法能力。语法，即语言本身的相关知识。学生只有在掌握了词汇、句法等方面的基本知识之后，才有可能进行有意义的表达。

　　（2）社会语言能力。社会语言能力要求学生了解关于目标语的社会文化知识，以帮助他们在交际过程中进行适当的话语表达，并知道如何询问对方及如何运用非语言交际手段等，以达到交际目的。

　　（3）话语能力。在语言交际过程中，无论是语言的输入还是输出都要求交际者具备感知和处理语篇的能力，以便对先前听到或读到的句子或句群进行意义解码，形成意义表征。

　　（4）策略能力。策略能力又称应变能力，当学生在语法能力、社会语言能力和话语能力方面的知识不够全面时，策略能力可以加以弥补。

　　20世纪六七十年代，人们对当时占统治地位的基于结构主义的语言教学法越来越不满意。欧洲学会基于国与国之间职业流动的原因，设立了基于功能和情景观的语言教学大纲。到20世纪70年代末出现以功能语言学为理论基础的交际法。

（二）交际型教学法

1. 交际型教学法的含义

交际型教学法也可以称为功能法或者意念法，这项教学法的产生时间是 20 世纪 70 年代，是根据语言学家海姆斯和韩礼德（Halliday）的理论形成的，在外语教学法的各个流派中占据重要位置，在世界上有很大的影响。交际型教学法的产生和当时的社会历史背景有关。在 20 世纪 60 年代，世界大部分国家的经济都处于复苏的阶段，西方发达国家的经济得到快速发展，无论是各国政府之间还是民间的交流都在增加。比如，在西欧各国，除了本地区的人们不断交往之外，这些国家为了经济发展还输入了很多发展中国家的成人劳动力，这些劳动力在欧洲市场上流动频繁。人们在与不同地区和国家的人交往过程中遇到了语言沟通的障碍。虽然有一些人学习了外语，但是真正到了国外，语言交际方面还是存在困难，语言障碍必然影响人们的生活和工作，因此，这时候急需一种新的语言教学方式来解决这个问题。

教育语言学和语言教学法在 20 世纪 70 年代中期开始，其领域中的实践、理论和研究的一些重大问题都要归结到交际能力上。这一"交际能力"概念的提出和原本的"语言能力"形成了对照。人们从社会角度来观察语言也越来越便利，因此，社会需求和"交际能力"这个概念结合起来，形成了交际语言教学的思想。之后，中国也引进了交际型教学法，并且在实践中不断普及。简单来说，交际教学法的基础是社会语言学理论、心理语言学理论，以交际功能为大纲，以培养学习者的交际能力为目标。交际教学法的目的是让学习者拥有语言交际的能力，因此交际的过程就十分重要，其目的是无论在什么样的场合下都能恰当使用语言，可以用语言完成各种任务，比如获取信息、解决问题和与他人打交道等。在交际型教学模式中，教学的重点应该放在怎样使用语言作为介质来完成交际任务上，不能一味地盯着句子的结构是否正确。交际型教学法可以做到将语言的结构和功能相结合，因此在培养目标上除了培养学生的听说读写语言技能之外，还要求学生可以掌握灵活运用语言技能的能力，来达到顺利用语言交际的目的。

2. 交际型教学法的特征

总结起来，交际型教学法的特征有以下三点。

（1）强调学生为教学的主体。交际型教学法的教学目标应该以学生的需求为基础，还要在整体的教学活动中突出学生的主体地位，课堂的主角是学生而不是老师，学生要积极参与到课堂活动中。教学的内容还要根据学生的实际需求进行选择，将学生的主动性和积极性调动起来，实现"学"与"会"的结合。

（2）交际型教学法的主要目标是培养学生的交际能力，在语言的结构上，交际型教学法的要求并不严格，更加强调学生的理解能力，培养学生与他人相互沟通的能力。另外，交际型教学法既要关注教学的过程也要对学习的主体和学习的过程进行研究。

（3）教学过程实现交际化，学习英语的交际过程必须符合实际，真正的交际活动必须具备三个特点，也就是信息差、选择和反馈。选择指的是在交际的过程中说话者选择说话的内容以及用何种方式来说；反馈指的是说话者从他人的话语中得到信息来判断自己的目的是否达到。信息差在后文中会详细介绍，这里不做赘述。

二、交际法理论基础

（一）交际法的语言理论基础

把语言当作交际的理论是语言交际法的基础。交际法的目标是对学生交际能力的培养。交际能力的提出者海姆斯认为具有交际能力的人不仅获取了语言使用的知识，同时还得到了语言使用的能力，因此看起来海姆斯的交际能力观要比乔姆斯基的语言能力观更加全面，可以说交际能力涵盖了语言能力。

功能主义理论认为人们说话的目的是表达各种意义，功能就是意义。功能的表达需要不同的语言形式。功能又可以分为三种具体的功能，分别是概念元功能、人际元功能和语篇元功能。人们学习语言就可以表达出各种概念。我们属于社会的人，所以需要表达人际元功能。语篇就是对思想的完整表达，如果一个思想能清晰完整地表达出来，那就成为一个语篇。语篇并不局限为一个句子，一个词也可以是语篇。威尔金斯的意念法就是源自概念元功能。

交际法理论家亨利·威多森（Henry Widdowson）的交际语言观十分重要，其应用也十分广泛。亨利·威多森著有《语篇分析》一书，这本书对语言系统和语言系统在语篇或者话语中的交际价值之间的关系以及交际行为进行重点介绍。交际能力包含四方面的知识和技能，分别是语法能力、社会语言能力、篇章能力和策略能力。这里的语法能力其实就是乔姆斯基所说的语言能力。社会语言能力指的是对交际所发生的社会环境的理解，包含角色关系、参与者共有的信息、互动的交际目的等。篇章能力指的是从关联的角度对个别信息要素进行诠释以及对意义在整个语篇或话语中得到表征的方式的诠释。策略能力指交际者用来启动、结束、维持、修补以及重新定位交际的策略能力。

（二）交际法的学习理论基础

有关交际法学习理论的文献很少。但从交际法的实践中可以发现学习理论的三个要素：第一个要素是交际原则，第二个要素是任务原则，第三个要素是意义原则。这些原则是从交际法的实践活动中推断出来的。

这些原则关系到促进二语学习的条件，而不是学习的过程。

三、交际型教学法的原则

交际型教学法旨在培养并发展学生的交际能力，这种能力有别于那种纯粹的"语言"能力。具体来说，在交际型教学法中，要注意遵循以下几个方面的原则。

（一）交际中心原则

交际中心原则是交际型教学法的首要原则。在英语课堂上，交际活动可以大体分为两类，即直接的交际和间接的交际。直接的交际活动如教师向学生提出问题或发出指令以及学生的回答等，间接的交际活动本身并不是交际活动，而是与完成交际任务有关并为交际活动而服务的活动。例如，教师在进行某堂课之前，可以就与教学内容相关的话题引导学生说出一些可能涉及的基本词汇或句型，并进行适当训练。可见，这种活动是为之后的课堂教学活动服务的，可以活跃课堂气氛，激发学生的学习兴趣。总之，交际中心原则要求英语教师在课堂上所组织或进行的一切教学活动都要以交际这个目的为中心。

(二) 以学生为中心原则

很长一段时间以来,教师一直是英语课堂上的中心,我们反复强调的也是教而不是学,使得教与学被迫分离。教师进行讲解或解释,然后带领学生朗读单词或课文,最后学生练习句型,教师批改作业。由于教师垄断了课堂上的大部分发言权,而学生大部分都是被动地"配合"教师的"教",几乎没有主动参与语言实践的机会。这种教学模式的最大弊端是忽视了英语习得自身的规律,忽视了学生方面的因素。近年来,这种现象已经受到了多方面的关注,大多数人都意识到英语教学应真正回归到学生,以学生为中心。

课堂的中心是学生,因此,教师要让学生主动地参与到课堂活动和实践活动中。具体来说,教师要承担两个方面的职责:第一,教师要创造出和谐轻松的课堂氛围,这样学生在进行课堂语言实践的时候就不会有压力;第二,教师要将学生的主观能动性有意识地调动起来,让学生在每个学习的环节,无论是课前的预习还是课堂的实践到课后的复习等,都能养成自己思考的习惯,主动去发现问题,并且有能力自己解决问题。

以学生为中心的原则不仅体现在教师与学生角色的变化上,还体现在教材内容的选择上。这对英语教师来说是一个挑战,他们必须充分了解学生的不同学习需求与学习动机,根据学生的不同需要来选择具有针对性的教材。必要的时候教师还可以自己选择或推荐一些教学材料给学生。

(三) 以任务为指向原则

在教师为学生进行语言教学的过程中,教师要有意识为学生组织一些交际的活动,或者为学生分配一些交际任务,学生就可以通过这些活动或者任务用所学的语言技能来进行真实的交际,这样能促进学生语言交际能力的提升。所以,在交际型教学中,语言本身的学习并不是全部的任务,不能将语言作为一门独立的课程来学习,应该将语言的学习融合到其他任何学科的学习中,这样语言的作用就是一个工具或者介质,学习其他学科知识的同时也能掌握更多更牢固的语言知识和技能。交际和任务其实是联结在一起的,不能分割,要以任务为中心,学生可以和同学或老师进行交流，这样的交流也更加真实，同时也能提高学生的主动性和积极性。另外，语言学习的任务一般都有详细的前景和后续发展，所以学生在完成的过程中也会有利于语言运用能力的提高。学生在进入语言任务的过程中也可以摆脱呆板固定的课题，参与形式多样的课外活动，常见的如英语辩论比赛、英语演讲、英语歌唱等，这样在活动中就无形地增强了学生驾驭和运用语言的能力。

（四）重视真实性原则

这里的真实性主要是指教学材料或教学大纲的本质，即教师在课堂上必须采用原文作品，不得使用人为加工后的语言。交际型教学法强调在（类似）真实的语言环境中学习和使用语言，这样才能有助于提高学生对语言的实际运用能力。交际型教学法中的真实性具有以下三个方面的含义。

（1）教师和学生应共同创造真实的氛围，在教师指导或学生彼此交流中应使用真实语言，而不单纯是某个句型或语法的练习。

（2）交际型教学模式离不开交际活动，而课堂上的交际情景应尽可能与现实交际情景类似。

（3）学生不但要使用真实语言，他们说出的话还必须具有创造性和不可预测性，即语言的形式要多样，不能仅为了证明对语言知识的掌握而使用语言。此外，交际活动的角色也必须是真实的，教师要鼓励学生融入自身所扮演的情境角色中，让他们对交际存有愿望和期待。

根据真实性和以任务为指向的原则，教师还可以在课堂上为学生安排形式多样的具体任务。例如，可以让学生就身边的人和物，或就国内外的时事发表个人意见或相互讨论；可以鼓励学生多多接触各类题材和各种体裁的英文作品等。教师要让学生养成主动阅读的好习惯，并且为促进学生的交流提供材料，不断满足学生的交际愿望和需求。

（五）容忍错误原则

对待错误的容忍原则是交际型教学法的一个重要特性所在，它要求教师对学生的错误，尤其是语法方面的错误，要采取容忍与宽容的态度。这是因为交际法强调的是意思的传递与交际目的的实现，因此，只要学生能够表达出自己的意思，即使存在一些语法性的细节错误，教师也没必要去纠正它。在英语学习中，犯错误本来就是一个正常而又普遍的现象。即使是以英语为母语的人在交际中也会出现一些错误，但它们本身一般并不会影响正常交际的进行。另外，当场指责或纠正学生的错误不仅会打断学生的思路，还会打击学生的自信心，使他们对英语学习产生排斥感与恐惧感。

当然，教师容忍错误也并不意味着可以对学生所犯的错误充耳不闻、视而不见或放任自流，只不过纠正错误的时间与方式要灵活。例如，对于学生口语当中出现的错误，虽然教师不必当场指出，但可以在学生讲完之后再挑出明显的错误及时给予纠正。而对于学生的书面错误，既可以由教师对错误之处进行标记，然后由学生自己修正并巩固，也可以让学生互相交流，互相纠正。这些纠正学生错误的方式能够有效集中学生的精力巩固相关知识点，比教师直接告诉学生正确答案的做法更为有效。

（六）注重整体性原则

语言学习的目的就是获取语言交际的能力，这项能力包含两方面内容，即语言的接收性能力和产生性能力。因此，在语言教学上，要在整体和综合方面进行把握。整体性不光包括语言技能，还包括交际能力，要将这两项能力结合起来才能达到语言学习的整体性。在实际的教学过程中，教师在课堂上要贯彻综合训练听、说、读、写四项基本技能的精神，各个单项的技能要在局部上加以侧重。

此外，综合性原则还要求教师不仅重视语言交际手段，还要重视非言语交际手段，如身势语、符号、图标等这些都可以用于课堂上的交际。

（七）信息互补原则

任何学生在进入课堂之前，都已经储存了一些知识经验，这些经验虽有差异，但也有普遍性和共同性的东西。这种普遍性和共同性的东西也是交际型教学法中十分强调和重视的。这里涉及一个概念，即我们上文所提到的"信息差"。所谓信息差是指交流双方所占有的不同信息，它的存在是交际双方进行语言交流的原动力。从某种程度上来说，人们之所以进行交际，就是因为彼此之间存在信息差，而交际的目的就是互补信息，弥补信息差。

信息互补原则要求在英语课堂中，一切交际活动或练习都必须存在信息差，如果没有信息差，便只能是人为的机械训练。例如，教师在第一堂课进行之前，一般会让学生进行自我介绍或询问学生的姓名，有时还会让学生彼此询问对方的姓名、家庭住址、联系方式等。这就是在进行交际活动，而且是真实的交际。因为师生或生生之间存在信息差，彼此想了解，交际就会自然而然进行了。而如果是师生或生生之间彼此已经很熟悉，教师为了操练疑问句或特殊疑问句的句型，而让学生之间彼此询问上述问题，那就是所谓的机械操练了，因为此时学生之间并不存在信息差，可以说是明知故问。因此，在英语教学中，交际型教学法强调教师要设计有信息差的相关活动或练习。这样才能使得交际更具真实性，也才能激发学生的学习主动性和积极性。

四、交际法实施过程中存在的制约因素

（一）传统教学方法的影响

我国的外语教学一直使用的是传统的教学法，这种教学法有一定的优势，其教学思想有很多精髓，为外语教学培养了很多人才，但是随着时代的发展，这种传统教学法已经不再适用，很多观念与时代不符。比如，很多人认为教师的课堂授课内容越多、讲解得越详细且越深入越好，学生只要将教师所讲授的内容用笔记记录下来，认真听讲就完成了学习的任务。交际教学法中，教师和学生的位置是平等的，课堂的教学需要两者共同参与，并且学生的最终学习目标是可以运用语言。但是由于传统的教学观念根深蒂固，学生对交际教学法比较难以适应。虽然有一部分表达能力强、有表现欲的同学能尽快适应这种新的教学法，可以积极地转变为活动的参与者，拥有很大的学习热情，但是仍然有相当多的一部分学生并不能适应交际教学法，其教学的效果并不理想。

（二）对交际法的若干误解

外语教学中虽然运用交际法教学已经有了很长一段时间，但是很多时候并不达得到预期的效果。究其原因，教师对交际法的教学掌握不够透彻，不能很好运

用交际法教学。甚至有相当一部分教师会对交际法进行批评和抵触，主要体现在以下几个方面。

（1）交际法就是不教语法。

（2）交际法就是只教口语。

（3）交际法就是伙伴活动。

（4）伙伴活动也就是角色游戏。

（5）交际法就是不纠正学生的错误等。

这些误解让教师在运用交际法的过程中会出现各种问题，甚至出现极端的现象，有的教师虽然对语言的流利度要求严格，但是却没有重视强调语言的准确度，学生也就对语言的学习产生了误解。

（三）结构大纲测试的反拨作用

我国目前比较流行的英语考试主要是全国外语水平考试，大学英语四、六级考试，硕士学位研究生入学考试以及托福考试等，这些考试基本上还是以结构大纲为主的。结构大纲的考查内容比较固定，主要是考查考生的语言形式系统和语言技能的掌握情况，因此更加侧重于准确性，而流利性和得体性就不那么重要了。但是在现实的交际教学中，如果理解上有偏差，交际法就只注重口头交际的能力培养，忽视了语法和书面的表达能力，学生的流利性就好于准确性。这种情况下，教和考的矛盾就会凸显出来。统测决定了外语教学的思路和走向，学校和老师以及学生就只是为了取得一个好的成绩。考试大纲要求考什么内容，教学就教什么内容，学生也就学什么内容，一切为了考试的通过率，这就是应试教育。交际法无法真正在教学上起到作用，就只能回归到传统的教学模式上去。

（四）师资水平带来的影响

交际法中教师起到了很大的作用，教师要对学生的兴趣和需求进行分析，同时还要组织课堂交际活动，为学生营造一个丰富多变的语言环境，在这个环境中，教师的身份不仅是学生交际的伙伴，还要担任交际的楷模和向导。教师在交际法的模式下承担多种角色，这需要教师有丰富的知识储备。但是，教师在上学期间和工作培训期间受到的也是传统教学思想的影响，自己的交际能力就不强，自然在课堂上达不到良好的交际法的教学效果。

五、交际型教学法的应用

（一）交际活动的设计

交际型教学法的教学目的是培养学生的交际能力，在课堂的环境下，设计交际活动也要根据这个目标进行。教师在课堂上进行交际活动设计的类型有两种，一种是功能交际活动，另一种是社会交往活动。

这两类有效的互动活动操作性强，能够引导学生参与有意义的交际活动并使用目标语实现交际目的。此外，社会交往活动还有一些延伸设计。下面我们进行具体阐述。

1. 功能交际活动的设计

在交际型教学法的课堂环境下应设计强调语言功能特点的交际活动。这类活动的目的是鼓励学生尽可能依靠已经建立的目标语知识体系实现有效的交际，如解决问题或交换信息。具有功能交际特征的活动主要包括以下几类。

（1）猜词活动。学生参与这项活动的基础是能够掌握句子的结构并且灵活运用，这一点也是培养学生交际能力的基础。学生通过参与猜词活动可以训练自己口头使用英语的能力。具体的活动流程是：教师选择一个学生站到黑板前面向全班学生，再找另外一个学生将课堂上学过的单词写在黑板上，这个单词必须是大部分学生都认识的。之后班级剩下的学生各自用英语来解释黑板上的单词，站在黑板前的学生猜出单词的意义和用法。可见，猜词活动或类似的任务活动是训练学生口语的有效途径。

（2）描述活动。描述活动，是指教师让学生对具体的事物或事件进行描述，目的是促使学生学会如何以段落的形式运用和理解目标语。例如，教师可以要求学生描述自己的家庭、所在的校园、所处的具体环境或曾经经历的趣事等。描述活动产生的另一个积极结果是它可以锻炼学生的逻辑思维与组织能力，这可以帮助学生更好地进行交际。

（3）简短对话。交际者能够用英语进行简短的对话，具有和他人互通情感的能力，这一点对学生交际能力的发展起到决定作用。简短对话可以包括天气、交通、度假等各种各样的话题，虽然这些对话看起来没有什么意义，但是却能做到创造社交氛围的作用。

因此，学生应掌握使用简短对话进行人际沟通的技巧。简短的对话可以在两个人之间进行，也可以在多人之间进行，所讨论的话题也可以随时跳跃和转换，但都以简短为宜。例如，

A：I hate rush hour traffic.

B：Me too.

A：The weather is lousy today.

B：Yeah! I hope it will stop raining.

2. 社会交往活动的设计

英语交际教学专家利特尔伍德（William Littlewood）认为，交际活动的设计应该具有两种特征，一种是功能特征，另一种是社会特征。交际成功的标准要根据语言表达功能的有效性来确定，另外还要看选择的语言形式是否得体，是否能够被大多数人接受。在外语课堂教学中，交际活动和课堂以外的现实社会交际活动十分接近，就能体现出语言的功能性，这也可以看成是一种社会行为方式。在课堂上教学有很多局限性，因此，教师可以采用模仿、角色扮演等各种方式来创造出多种多样的社会语境，这样也能反映出更加多样化的社会关系，学生可以从中学到更多的技巧。针对社会交往活动的设计，教师可以选择学生比较熟悉的场景，比如家庭聚会、朋友会面等；也可以选择一些学生不怎么熟悉，但是未来大概率会遇到的事件，比如预定旅游门票等。活动涉及的事件既可以简单也可以复杂。角色模仿活动的方式有以下几点。

（1）借助提示信息完成。当只有一位学生作为交际者得到详细的提示信息，而另外一位交际者得到的信息只能满足为他（她）提供必要的回答时，教师就可以帮学生创建一个更灵活的交流框架。例如，在预定旅馆房间的活动任务中，教师可以让两个学生分别扮演客人和旅馆老板进行交际。在这段交际中，交际活动的主要结构将主要取决于客人所说的内容，因为他为了预定到合适的房间，必然

会向旅馆老板提出各种疑问或要求，而旅馆老板会对客人所提的问题进行一一解答。可见，此类交际活动比较适合两位语言水平有高低差异的学生。语言水平较高的学生是整个交际过程的引导者，他所掌握的提示信息使得他能够控制整个活动过程。在现实中，这类活动发生的场景有很多，如在银行里顾客与银行工作人员的对话，或是在新闻采访、求职面试中的对话等。

（2）借助提示性对话完成。这是一种比较简单的角色扮演活动，教师在活动的过程中准备好写着不同提示的卡片，并发给学生，这样也就符合在现实交际中的不确定性和自发性的特点。在交际的过程中，交际者双方一定要认真倾听对方的语言信息，获得关键的信息才能知道怎样回答。一般来说，在活动过程中学生根据提示的信息一般都能将对方想要表达的内容预测出来，这样也能对自己要回答的内容有一个大概的确认，也就有利于学生运用现有的语言水平来开展交际。

（3）借助辩论或讨论的形式完成。在这类活动的交际语境中，学生所扮演的角色应当对事件及对其他交际者所持的不同意见有较全面的了解。在活动结束时，这些交际者能够对辩论或讨论的问题达成共识。例如，假设你班某位同学家庭贫困，又不幸患了绝症，你号召全校同学以捐款或义卖的形式自发为这名同学筹集善款。在这个交际活动中，可能会出现来自不同机构的角色，如教师、校长、慈善机构人员等，交际者便可以用讨论或辩论的形式展开角色扮演。

值得注意的是，类似上述例子表明交际活动可能会产生一些交往中的障碍，因此学生首先要立足于讨论有关的信息，然后再参与非正式的小组讨论，最后在公开场合展示各自的观点，这时，学习者所扮演的角色要更严格地遵循交际规则，语体也要更正式。当然，教师应适时地将相应的交际规则告诉学生。

（4）借助交际情境和交际目标完成。这类交际活动侧重于借助高层面的交际情境和交际目标来开展交际活动。在这个活动中，教师仍可以使用一些信息提示，只不过对学生要表达的思想的控制程度要有所减弱。在活动一开始，学生只是对交往活动和交往目的有一个大致的了解。随着活动的展开，他们必须不断协商，自发应答另一位交际者的提问。但是，学生必须对交际活动中的信息确定一个共同的认识标准。在交际双方所共有的知识和交际活动中的不确定因素之间达成一种平衡，这可以为交际的顺利进行提供必需的动力。例如，在某一汽车展示厅内的交际活动中，一位学习者认定要看的汽车型小且时尚，而另一位学习者却认为同一辆汽车型大而陈旧，那么这样的交际是无法进行下去的。

3. 社会交往活动设计的延伸

除了功能交际活动的设计和社会交往活动的设计，教师还可以通过一些别的方式对社会交往活动加以延伸，以帮助学生构建更加真实的学习情境。学生在这样的情境中进行交际既可以更好地掌握词汇、语法、句子等方面的语言知识，又可以发展社会交往方面的技能。社会交往活动设计的延伸可以通过以下两个方式来实现。

（1）策略式交往。策略式交往是一种即兴表演的活动，学生要按照事先设定好的故事情节展开表演，但是在实际的故事表演发展过程中，教师可以根据表演的情景加入一些新的信息，要求学生将自己的角色特征进行改变，或者改变交往的方向等。在策略式交往活动的互动设计中，学生应将听力活动和视觉活动有机结合，以更符合现实交际活动的特点。

①听力活动。教师可以将一个完整的故事分成几部分录音，然后将学生分为相应的小组再听录音。每个小组听完后，完成教师发给他们的一组基于故事情节的理解题。然后由学生对故事的情节进行意义协商，并对其他小组的学生进行提问，同时解答其他小组学生的问题，以促进学生的语言输出。

②视觉活动。可借助录像、幻灯片、电影等各种媒体，不仅能够激发学生学习的主动性，还可以帮助学生接触到大量真实的语料信息，增强学习的趣味性。视觉材料对学生的交往活动主要起到"引发"的作用。例如，学生在观看某一电影或视频后，可以对其中的内容展开讨论或发表感想。

（2）社会戏剧。社会戏剧是一种模拟的社会交往活动，即学生根据预设的社会交往情境，模拟进行社会交往活动。社会戏剧的设计对于培养学生社会交往活动的能力十分有效，其过程包括如下几个方面。

①准备活动，老师向学生介绍活动的主要内容和任务。

②展示新词汇，老师要向学生展示接下来要学习的词汇。

③展示要解决的问题，教师向学生介绍活动的知识背景，最好采用讲故事的

方式，这样可以吸引学生的注意力，也有助于学生的理解，当讲到要解决的问题时停下，这样学生的注意力也就放到了需要解决的问题上。

④对故事发生的语境进行讨论，并且确定好学生在故事中的角色。

⑤指定观众，即教师给那些没有参与角色表演的人分配一些相应的学习任务。

⑥进行表演，学生各自扮演自己的角色开始表演。

⑦开展第二轮角色扮演，让学生根据讨论的故事语境进行第二次角色扮演，从中发现新的问题，找出办法解决。

⑧再次表演，这次按照新的解决办法表演。

⑨总结，教师引导学生进行活动总结。

⑩后续活动，比如讨论、书面练习等。

（二）交际能力的评价

在设计完交际活动并由学生进行实践之后，便要对学生的交际能力进行评价。教师所设计的交际活动兼具功能特征与社会特征，相应地，对学生交际能力的评价也涉及功能因素与社会因素两个方面。当然，对功能与社会两种因素的评价不是分开的，而是统一地融入对学生总体交际能力的评价中。

1. 对约定俗成习俗掌握的评价

任何一种语言都包含有大量约定俗成的语言形式和用法。如果学生对此缺乏了解，所输出的语言即使合乎语法规则，但与约定俗成的用法相悖，那么在交际过程中也会遇到表达上的困难和尴尬。例如，在问候别人时，英语中常用"How are you？"而不用"Are you in good health？"或"Are you well？"等表达方式。又如，在告知时间时，可以说"It is two forty."或"It is twenty to three."，而不能用"It is three minus twenty."或"It is ten after two thirty."等表达形式。

此外，在英语礼仪交往中，必须使用一些约定俗成的短语。例如，在请客人先于自己进入房间时要说"After you."；在偶遇一位多日不见的熟人时要说"How nice to see you."等。

以上主要是句型和语法结构上的约定俗成，其实就词汇而言，英语中也存在一些约定俗成的表达方式。例如，某些约定俗成的形式仅用于某些特殊场合，像"Check，please."这一固定表达方式仅在饭店结账时使用。

2. 对运用目标语得体性的评价

交际话题的选择决定了目标语文化背景知识所确定的得体性。在一种文化中被视为个人隐私的话题在另外一种文化中可能被认为是可以公开讨论的话题。例如，在中国人看来常见的一些话题却是不被外国人所接受的。如果一个中国人问一个外国人"How old are you？""Are you married？"等，就会被视为违反了英美文化中的言语行为准则。

此外，对目标语的使用是否恰当主要与交际者当时的语境有关。例如，"What is your name？"的表达形式虽然没有错误，但并不能用于打电话时询问对方的身份，而要采用"May I know who is calling？"的表达方式才算得体。

3. 对文化背景知识掌握的评价

对目标语文化背景知识的掌握在培养学生交际能力的过程中起着至关重要的作用，它有助于学生掌握语言运用的得体性。一种语言表达方式是否得体，是由该语言的本族语者所共有的社会文化习俗决定的。因而，学生在交际过程中应注意学习并掌握这些文化规则。

教师在考查和评价学生对文化背景知识的掌握时，可以将带有文化误解的交际场景呈现给学生。这些文化误解极有可能导致本族语者产生负面情绪，而教师可以让学生判断并指出问题所在，最后加以纠正。在这个过程中，教师可以观察并判断学生对该文化规则的掌握程度，并及时提供启发性知识，引导学生了解和掌握目标语文化语境下的社会交往知识与技巧。同时，教师还可以对目标语文化与母语文化加以比较，这样既可以巩固学生对母语文化的掌握，也有利于在目标语文化与母语文化之间形成一个健康的平衡状态，帮助学生更好地进行交际。

总之，以上三个方面的评价是相互联系、相辅相成的，不可能将其中一方面与另外两个方面完全分开。学生对这三方面知识的掌握以及对它们之间密切关系的了解有助于培养他们的文化得体意识，而这正是交际能力的重要组成部分，是交际型教学法的重要教学目标。

第二节　情境教学法

一、情境教学法的理论基础

情境教学法形成于 20 世纪 70 年代，此后逐渐发展成为一种语言教学的基本思想和教学方向。情境教学法的语言理论基础主要是建构主义理论，情境教学法与建构主义理论观点有着密不可分的联系。因此，在这里我们首先讨论一下有关建构主义的基本知识。

（一）建构主义理论的观点

对于建构主义理论的主要观点，我们主要从以下几个方面进行阐述。

1. 知识观

通常情况下，教科书上显示的文字性知识是对人类生产、生活当中遇到的自然和社会现象，以及一系列科学生产过程中的相关科学原理和规律的解释。随着社会的进步和科技的发展，所有的科学真理都会进行变革、升华与改变，虽然教科书上给出了众多的知识，但是这些知识并不是问题的最终答案。知识是会改变的，在面对相关问题的时候没有办法给出具体的解决方法，同时也不可以将一个人的行为准则与行为规范外化。在面对问题的时候，想要找到科学的解决方法，就不能严格按照相关脉络去阐释和理解问题，要与这些问题的特点结合在一起进行全面充分的思考，并且在已经有的认知体系基础上进行一系列的整理和加工，最终找到合适、科学和完美的解决方法。学生已经学到的知识结构，实际上是学生更深一步理解研习内容的重要基础。

知识观认为在教学过程当中向学生灌输知识，不仅无法被学生理解，还无法真正被学生接受，学生只有在比较详细和具体的学习情境当中去发现与理解，才可以做到深入理解知识与内化知识。因为，知识不是一成不变的，会持续地发展与更新，有着较强的不确定性，所以教师在传授学生知识的过程当中要不断地鼓励学生，对学生产生影响，培养学生的质疑精神。教师在这一过程当中没有绝对的权威地位，不可以强迫学生接受一系列固定的知识，需要最大限度地在事实当中去影响学生与启发学生。教师在传授学生知识的时候一方面要鼓励学生积极地探究，另一方面要鼓励学生勇敢的创新，并且提倡和鼓励学生在学习的过程中，不仅要多提问和质疑，还要多思考和实践，促使学生养成良好的学习习惯。

2. 学习观

学生内在知识体系表征的构建过程就是不断学习过程，同时学习从某种意义而言也是建构主义学习理论的本质核心。学生的学习并不是一味地死记硬背，也不是将知识从一个地方挪到另一地方，应该在学生自身原有的认知基础上，把已有的知识结构和外界的实际信息充分结合在一起，只有这样才可以使学生构建起更加完整的知识体系。

学生的学习具有三个极为重要的特征。（1）主动获取知识的过程。（2）要在非常具体和详细的情境当中完成。（3）要在和其他人相互合作、相互交流中完成。学习不是教育者逼迫学生接受知识，而是需要学生在某种特定、具体的情境当中，在教育者与其他学生一起努力之下，尽可能多的利用各种有效信息对外界刺激做出一系列的相关思考和分析，同时在和小组成员相互交流和相互沟通的过程当中逐渐形成自身的独特理解。众所周知，学生的学习是在非常详细和具体的情境当中完成的，具体的情境不仅可以促进学生对外界刺激的各种相关思考和分析，还可以有效促进内化过程，从而可以补充、修整和完善认知网络，最终真正实现学生知识体系自我构建的目的。在建构主义理论的相关要求下，学生的学习环境需要满足以下两点要求。（1）教育者在教学之前，要对学生学习的内容进行深入的分析和研究。（2）营造出适合学生学习、对学生有益的学习氛围和学习情境。

"协作"主要指的是小组内的成员和成员之间或者小组与小组之间的一系列互动，除了在学生学习的过程当中占据重要地位之外，还有着极为重要的作用，同时也可以将学生学习的主动性充分地展现出来。如果缺少了"协作"，那么学生在思考和分析外界提供的信息、搜集和分析相关的资料、提出和分析验证性的假设、评价和分析具体的学习效果、内化和形成新知识体系的一系列过程当中，会花费更多的时间和精力，事倍功半，得不偿失。

"会话"和实际操作组成了"协作"。学生在相互交流和沟通学习内容的过程中主要以会话为主，一系列的肢体语言为辅，并且小组当中所有成员的成果都是小组的共享资源，由此我们也可以看出，构建知识体系的过程是由整个小组一起完成的。在课堂教学中，小组协作学习和整个班级学生的相互沟通和交流，是教育者经常用到的两种协作学习形式，因此会话是"意义建构"中的主要技术之一。学生在外界的一系列刺激或者在自身学习过程当中经过相关的思考和分析，以及小组内成员与成员之间的"协作""会话"或者小组与小组之间的"协作""会话"，经过学生自身的内化，使得原来的知识经验得到一定的改变或者补充，从而不仅形成新的知识网络体系，还使得知识网络体系变得更加完整和健全，简单来说就是在原来的知识体系基础上，促使新的知识结构形成，通常情况下，我们将其称之为"意义建构"。

3. 师生观

学生在学习时主要面对的是教师与小组成员。教师作为课堂的组织者，除了需要构建适合学生学习的问题情境外，还需要有效维持课堂秩序，并且做到成功驾驭课堂。教师不能仅仅作为知识的传播者，应该为学生创造部分特定的外界刺激或者情境，让学生进行充分的思考和分析。教师应该积极指导学生在已有的认知体系基础上，对学习的新内容构建连续点，并且以此为指导促进和帮助学生构建知识体系，以及进一步完善知识体系。因此，需要教师和学生一起针对某些具体问题进行相互探讨和相互交流，并且提出质疑。

针对学生有意义的学习，在建构主义理论的众多说法当中主要有两种看法。一是主张和强调以学生为教育教学的中心，如杜威先生的经验性学习理论。二是在前者的基础上也要注重教师的主导性地位，也就是学生中心，教师主导。

教师在建构主义理论指导下对学生传授知识的过程当中也需要知识的建构。时代在发展，科技在进步，教师只有让教育教学的方式和方法紧跟时代的潮流，及时、快速地做出调整，才可以充分适应社会的不断发展，以及学生各种需求的变化。教师和学生在这一过程当中是互动和对等的协作关系。教师在建构主义理论当中起着非常重要的作用，在设计相关教学情境的时候，教师应该充分依据学生要学习知识的内容特点来进行，帮助学生更好地建构知识体系，同时有效开展和组织各种学习活动，并且积极参与活动中的协作和会话，促进、推动和正确引导教学双边活动的顺利进行，从而让学生进行新知识体系的主动建构。教育者尤其是教师在这一教育活动当中需要充分顺应环境的各种变化，快速适应从传统教学模式主人公身份向新理念教学模式中"配角"身份的转变。建构主义理念有效借助具体的情境和相关题目的设置、应用，对教师开展和组织各种教学活动进行正确的引导，同时也积极、科学引导学生通过小组成员之间的互动交流开展沟通学习，需要注意的是在这一过程当中始终坚持和贯彻"以学生为中心"这一原则。此外，教师一方面要对教学中的相关知识进行分析和研究，另一方面也要对学生的学习方式有更深一步的认识和了解，在实际教学活动当中让学生成为真正的"主角"。

学生已有的经验是多种多样、各不相同的，为了更好适应学生的发展，无论是教师的教学策略还是教师的教学方法都需要具有多样性，这使得教师的教学效果也是多样化的。这些对教师有一定的要求，一是教师在传授学生知识的过程中要以学生已经掌握和了解的经验为重要基础，不仅要注意到学生重要的内在潜能，还要最大限度地使学生在学习的过程中形成良好的学习风气，多思考，多与其他同学交流和沟通，善于归纳和总结；二是教师在开展和组织各种教学活动的时候要始终以学生为中心，对学生已有的认知结构有非常全面的了解和认识，并且可以熟练掌握，同时构建"邻近发展区"，从而使每一位学生都能得到提升。在建构主义理论的支撑下，教师在评价学生学习效果的时候应该从多角度、全方位来进行，如在小组当中学生表现的活跃程度等，绝不能将学生的课业成绩作为唯一的判断标准。由此，我们可以看出，教师在组织和开展各种教学活动的时候应该始终坚持和贯彻建构主义理论，以造就和提升学生各方面的综合实力。

（二）建构主义理论的特征

1. 注重个体的社会经历与语言学习的联系

建构主义十分注重学生个体的社会经历与其语言学习之间的联系。具体来说，就是获得语言知识的能力主要由学生个体充分依据自身相关经验建构知识的水平决定。强调个体的社会经历，将个体的学习与社会的个人经历有效地结合起来，可以使语言学习更具有实际意义，更有助于个体有效地掌握语言。

2. 注重学习素材对学生学习的作用

强调学习素材的作用就是要建立有别于传统教学观念的新型因材施教观。随着时代和教育的进一步发展，"材"除了是动态的概念，还是不断发展的概念。教师在教学过程中，需要以学生的实际发展水平为重要基础和前提，还要考虑到学生的潜在发展水平，引导学生全面发展。在建构主义学习的理论下，教学设计不仅要考虑教学目的，还要考虑有利于学生建构会话意义的情境问题，并把情境创作看作学习中最重要的内容之一。

3. 注重交往的作用

教学中的交往作为一种学习背景和手段，开始逐渐受到人们的重视和关注。教师对学生授课的过程中，应该将学生的主体地位进行重点突出，使得交往成为一切有效教学的必需要素。建构主义学习理论强调交往在教学中的作用，真正将教学看成一种"交往的过程"。交往在教学中的作用表现在以下两个方面。

（1）学生与教师之间的互动。这就需要改变教师在课堂上的角色，发挥教师在课堂中的主导作用，积极并有意识地创造师生之间交流互动的条件和氛围。

（2）学生之间的互动交流。互动是建立在语言交流的基础之上的，是语言实践和运用的基础。在互动的氛围及其作用下，学生可以主动地学习语言。

综上所述，在教学的过程当中，教师和学生之间、学生和学生之间的相互交往、相互沟通和相互协调，能够使师生一起完成当初设定的教学目标。学生在相互交往的过程当中可以发现自我，使自身的主体性不断增强，逐渐形成主体意识。与此同时，学生还能在相互交往、沟通和协作的过程当中学会合作、共赢，从而使学生形成的个性不仅健康还更加丰富多彩。

二、情境教学法的原则

（一）意识与无意识统一、智力与非智力统一原则

人在学习做事的过程中，一方面需要集中思维，培养刻苦和钻研精神；另一

方面又要充分调动兴趣、愿望、动机等这些无意识的潜能，因为它们对智力活动具有重要的促进作用。具体到教学过程中，教师要将学生视作理智与情感同时活动的个体，不要一味地告诉他们要努力、要刻苦，而是要想方设法地去调动学生身心各方面的潜能。事实上，这一原则就是告诉我们要保持一种精神的集中与轻松并存的状态。学生在学习中张弛有度，自然会取得更好的学习效果，而这也正是情境教学法所追求的效果。

（二）轻松体验原则

教师需要在轻松的情境或者气氛中经常引导学生提出问题，同时通过学生自身的思维与想象，去寻找问题的最终答案。

该原则强调无论是学生思维的"过程"还是学生思维的"结果"都同样重要，主要目的是让学生觉得无论思考问题还是发现问题都非常快乐，绝不是强迫或者负担。

（三）学生自主原则

第一，学生和教师两者之间需要保持良好和互相信任的关系。情境教学法实施的基本保证就是教师和学生之间良好的关系。从某种程度而言，可理解为在特定情境下教师和学生之间的相互交往。教师和学生想要顺利完成设定好的教学任务，需要相互信任和尊重，简单来说就是教师要对学生有非常全面的认识和了解，同时学生也要对教师非常的熟悉和了解，教师和学生之间形成一种独有的默契。

第二，在前者的基础上，对学生的自主性充分尊重。在实际的教学过程当中，应该确定学生的主体地位，同时教师也要引导学生独立思考，以及鼓励学生进行自我评价，不仅可以培养学生的创新精神，还可以有效地培养学生的自主学习能力。因此，教师在具体的教学情境中要考虑学生的实际情况，一方面可以保证学生顺利地完成学习任务，另一方面也可以让学生获得相应的社会实践的真实感受和体验。

三、情境教学法的应用

（一）设计情境

应当设计能够引导学生积极参与学习活动的真实情境。在情境的设计中，应考虑以下几个主要因素。

1. 任务的呈现

教师在公布学生学习任务的时候，除了需要对问题发生的背景进行详细的描述外，还要对相关组织和社会文化背景进行描述。同时，教师在设定问题的时候，应该让问题具有一定的吸引力，主要目的是在公布问题的时候可以充分引导学生参与，提高学生参与的主动性和积极性。时代在发展，科技在进步，教师可以借助先进的网络技术将教学任务用文本、视频或者音频的方式呈现在学生面前。需要注意的是，教师公布问题的时候应该为学生留有足够的自主探究的空间，以提高学生的学习能力。

2. 教师的指导

以学生为中心是建构主义所提倡的，一方面它认为知识意识的主动建构者是学生，另一方面认为信息加工的主体也是学生。在教学过程当中，教师不仅是指导者、组织者还是协调者，对学生的意义建构有着重要的指导作用以及极为重要的促进作用。教学设计和学生整个学习过程，始终和教师的认真组织、有效启发和精心指导有着非常紧密的联系。由此，我们可以进一步看出，在教学的过程当中要做到以学生为中心的同时，也要重视教师的指导和促进作用。

3. 相关范例

学生要理解，任何问题的解决都需要他们对该问题有一定的经验，并能建构相应的心理模型，因此为学生提供相关的范例是很有必要的。具体来说，应当提供一系列学习者可能会参考的相关经验，如要解决的问题的多种观点、视角、思路等。这不仅有助于学生完成当前任务，而且可以补充其自身认知结构中的空缺。此外，范例还应包括要解决的问题的多种观点、视角和思路，以培养学生认知的灵活性。

4. 自主学习设计

众所周知，因为情境教学法十分注重和强调学生主动建构知识的意识，所以自主学习设计作为学生学习环境当中的重要一环，可以促进和帮助学生主动构建知识意识。学习过程的主体是学生，自主学习从某种程度来说是对所学知识实现"意义建构"的重要内因，促进和帮助学生主动建构知识意义的外部条件是相应的情境，也就是外因。外因只有借助内因才能起到作用，学生在相应的情境下，通过一系列的主动探索和发现，同时借助有效的自主学习活动，使学生真正完成知识意义的重要建构过程。综上所述，在情境教学法的设计当中，学生的自主学习设计是非常重要的存在。

5. 信息资源

教师在建构情境的过程当中，应明确学生所需信息数量和信息种类，以便于构建相关问题模型，以及进一步提出相关问题解决的方法。同时，情境中能提供的信息资源应多种多样，如文本、图形等，以及借助网络获得的各种有效资源。

6. 认知工具

认知工具主要指的是各种心智模式与设备，能够充分、有效支持和扩充学生的思维过程，大多数情况下为先进的智能信息处理软件，并且是可视化的，如知识库等。学习者因为在学习的过程中无法摆脱已掌握知识与感官输入信息能力的束缚，所以在认知资源获取方面也受到了一定的限制和束缚。认知工具除了可以提供组织信息机制外，还可以将各种信息机制展现出来，学生可以通过各种信息机制获取信息和资源，并且对获取的信息和资源进行相应的分析和编辑，从而使学生将自己的思想充分表达出来。

（二）构建意义

1. 教学目标的分析

建构主义始终强调学生在学习过程中的主体地位，学生是意义的主动建构者，一切学习活动的设计都应围绕"意义建构"这个中心来展开。然而，每一阶段或每一课堂的学习内容总是由若干知识点构成的，而且每个知识点的重要性及其特点都不相同。例如，有的知识属于一般性知识，学习者做一般的了解即可；有的知识则属于基本的概念与原理知识，学习者必须加以掌握。因此，要想完成"意义建构"，首先必须对所学的内容进行教学目标的分析，在此基础上才能确定当前所学知识的基本内容。

2. 教学结构的设计

如前所述，建构主义虽然始终强调学生在学习过程中的主体地位，但绝对不是要忽略教师的指导作用。教师作为指导者与协调者，必须参与教学过程，并给学生适时的指导。而教师要参与教学过程，就必然涉及对教学活动过程的控制与优化问题，也就是教学结构的设计问题。

简单来说，教学结构的设计就是指对师生之间、学生与学生之间交互作用而形成的动态过程设计。教师应在建构主义的学习理论和教学理论指导下，运用系统观点和动态观点审视和反思教学中的各个环节、各个环节的作用和相互关系，继而形成一个动态的、稳定的教学结构进程。

3. 自主学习策略的设计

自主学习策略的设计是完成"意义建构"的基础。自主学习策略设计的目的就是要帮助学生学会学习，即帮助学生能够根据学习目的和要求独立地选择有效的学习方式。在自主学习策略设计中，元认知策略设计非常重要。元认知策略是学生在学习过程中所采用的学习策略之一，包括对学习过程中所运用的策略，旨在提高学习者在学习过程中的独立意识，培养其自主学习的能力。元认知策略设计是情境教学中学习者完成"意义建构"的重要保证。

（1）计划策略主要指的是充分依据认知活动的某一特定目标，在认知活动开始之前制订一系列的相关计划，充分预测结果，选择合适的策略，寻找出解决问题的恰当方法，同时对有效性进行充分预测，如设置学习目标、浏览阅读材料等。

（2）监控策略主要指的是在认知活动的过程当中，要按照设定的认知目标快速、及时评价认知活动的结果，以及评价认知活动的众多不足和缺点。同时，正确估计自身达到认知目标的程度和水平，最终对各种认知行动和策略效果按照有效性标准来进行准确、合理和科学的评价。

（3）调节策略主要指的是充分按照对认知活动结果的一系列检查，采取与之相对应的众多补救措施，或者依据对认知策略效果的检查，对认知策略进行及时、快速的修正和调整。

4. 信息技术辅助作用的设计

随着时代的进步和先进科学技术的发展，在教育教学领域中信息技术得到了非常普遍的应用、普及和推广，使得学生的学习资源逐渐丰富起来。因此在"意义建构"过程中，不应忽视信息技术的辅助作用设计。信息技术的辅助作用设计，是指应当确定一定情境下的学习主题所需要信息资源的种类以及每种信息资源在学习该主题过程中所起到的作用。在这个过程中，如果学生对于获取相关信息的出处、手段、方法以及如何有效利用这些资源等方面有困难，教师应及时提供帮助。

5. 协作式学习活动的设计

协作式学习活动设计的目的是为多个学生提供机会，以便于从不同的角度对同一个问题进行观察、比较、归纳和综合，帮助和促进学生更加充分的掌握知识，灵活运用已经学到的知识，以及进一步深化学生对问题的理解。教师组织和开展各种协作式学习活动既有利于教师主导作用的发挥，又有利于学生自主探索角色的体现，而且还有利于培养学生之间的合作精神。

在协作式学习中，课堂讨论是常用的活动之一，主要由教师引导。它主要涉及以下几个方面。

（1）在"最近发展区"理论的指导下，教师要立足超前于学生智力发展的边界上加以引导，而不是直接告诉学生问题应当如何解决。

（2）教师应当围绕已经确定的主题内容来设计能够引起学生讨论或争论的问题。

（3）教师应当善于发现学生在讨论过程中暴露出来的关于掌握某个知识点时所存在的问题，并及时加以纠正。

（4）在学生的讨论结束后，教师应对学生在协作学习过程中的表现给予恰当的评价，或引导学生对自己在协作过程中的表现进行反思。

6. 学习过程与学习效果评价的设计

评价是一个系统的，有计划、有组织地收集和分析信息的过程，评价的目的是诊断学生在学习过程中存在的问题与不足，以便于进一步激励和帮助学生获得满意的学习效果。也正是因为如此，对学生学习过程和效果评价的设计是教师和学生对教学和学习实施监控的重要手段。值得一提的是，评价不等于测试。测试的目的在于甄别和选拔，而评价的目的是为教师调整教学方式、学生调整学习策略提供反馈。

（三）评价效果

情境教学中的评价需要考虑以下几个方面的因素。

1. 对学生学习目标的评价

这里强调对学生高层次学习目标的评价。情境教学法强调知识的建构过程，包括学生对知识的发现、对学习过程和结果的监控与调节，以及对知识的综合运用等多种高水平的智力活动过程。相应地，评价也十分重视知识的建构过程，强调对学生的知识发现能力、认知策略的运用和知识综合运用能力等高层次学习目标的评价。

2. 对学生所取得进步的评价

建构主义理论认为，学生的学习过程就是他们对知识建构的过程，因此情境教学法中的评价重视对动态的、发展的学习过程及学习者进步的评价。它主张评价应当成为学生有意义的学习经验的一部分，评价并不是孤立的检测手段，而应纳入正常的课堂教学当中。

3. 基于真实语境的评价

这里主要强调评价的背景应当像教学背景一样真实而丰富。学习是学生在一定的情境中利用已有的知识经验赋予当前学习到的新知识以某种意义的过程。因而，情境教学中的评价应在基于某种有意义的背景下，围绕真实的情境来评估和讨论学习结果。

4. 学生参与学习过程与学习效果评价

学习过程就是学生主动建构知识意义的过程，因此对学生是否主动参与学习过程的评价就显得很重要。这一评价要以课堂学习为中心，其中对学生的课堂表现可以从以下几个方面来考查：是否积极参与课堂活动、是否在听课时注意力集中、是否认真听教师及其他学习者讲话等。从评价的目标和内容来看，课堂评价活动包括对学生所掌握知识与技能的评价，学习态度、兴趣与自我意识评价，学习策略评价等。

5. 评价主体与评价方式的多元化

学生在大多数情况下，在理解事物的时候，都是基于自身相关的知识经验来构建的，因为每一位学生都是独立存在的个体，所以对于相同的知识点，每一位学生都有着各自不同的理解。也正是因为如此，教师在对学生学习过程与结构进行评价的时候，应该尽可能采取多种方式。

从评价主体的层面来看，评价人员可以是多方面的，除了可以是教师和专家之外，还可以是学生。从评价形式的层面来看，完全可以把比较传统的标准参照评价法和现代的学习文件夹评价法巧妙地结合在一起。其中，在制定评价标准的时候充分按照课堂教学目标来进行，同时按照课堂教学目标对学生的学习结果进行有效对比，找出优势和不足之处，通常情况下我们将其称之为标准参照评价法。学习文件夹评价法主要指的是对师生努力搜集和反映学生学习过程与进步的各种不同类型的学习成果进行有效评价，作为外部评价，主要用于学生的自我评价等。

6. 评价信息的及时反馈

情境教学法既重视对学习过程的评价，也重视对评价结果的及时反馈，因为它有助于帮助学生了解评价所带来的正面效果。在对学生进行评价的每个阶段，教师首先要对获取的信息加以分析、整理和阐释，然后针对学生的个性特点以适当的形式及时将全部或部分信息反馈给学生。借助于这些反馈信息，学生可以及时了解自己的不足，并在教师的帮助下不断修正自己的学习策略。

第三节　任务教学法

一、任务型教学法的含义与目标

（一）任务型教学法的含义

20 世纪 80 年代，任务型教学法开始逐渐发展起来，应用最广泛的就是将它作为外语教学方法之一，无论是语言学家还是外语教学实践者都非常认可和接受。任务型教学法作为强调和注重"在做中学"的语言教学方法之一，从实施意义上来说是交际教学法的进一步发展。任务型教学理论认为，在绝大多数情况下，对语言的充分掌握和了解是在各种语言活动当中灵活运用语言的结果，不是仅依赖比较单纯的训练语言技能与学习语言知识的结果。教师在实际的教学活动当中，应该充分围绕某一特定的交际与语言项目，设计出的任务要具体，有一定的可操作性，并且学生还可以借助各种语言活动形式，如沟通、辩论等完成教师设定的任务，从而最终促使学生充分了解和掌握语言。

（二）任务型教学法的目标

1. 语言运用目标

提升语言的综合运用能力是任务型教学法的一个基本目标。语言能力的综合发展目标又可以分为三个具体目标。

（1）准确性。准确性是指规范地使用语言，按语法的规则表达。不准确的语言会影响有效的交流，长期使用不正确的语言还可能形成不良的语言习惯。许多任务型语言教学的倡导者都把语法、语言的准确性放在第一位，即注重语法的形式，让学生知道如何使用这些语言的形式，以达到交际的目的。

（2）流利性。流利程度是所有语言教学都追求的目标之一。任务型语言教学在注重语言准确性的同时，非常注重用各种各样的方式提升学生的语言流利程度。在实际的语言交流中，如果没有达到一定的流利度，对方恐怕不愿意继续交流下去。教师在任务型语言教学中进一步发展学生语言能力时，需要注重和强调对综合语段能力的提升。除了使学生充分掌握和了解预先组织好的各种短语之外，学生还需要掌握固定的表达方式，并且做到灵活运用，整体使用语言来交流，那么他们的语言准确程度与流利程度都会得到提高。

（3）复杂度。斯凯恩把复杂度又称为"重构"，他引用了麦克劳克林（Mclaughlin）对于"重构"的定义，简单来说重构作为一个具体详细的过程，不仅让中介的语言体系变得更复杂和精细，还使语言体系变得更加完整。重视和强调复杂度的原因在于，一方面让语言使用者在实际交际的过程当中更加有效地表达；另一方面有效避免和减少言辞不能确切地表达意思，或者无法准确表达意思时采取迂回的表达方法。正是因为如此，教师在实际的任务型教学当中，要促进学生复杂度的发展，需要让学生有重构的机会。其中一个方面就是要为学生提供使自己的语言系统更为复杂的机会，也要有使语言中介系统更为复杂的发展机会，而这正是任务型教学法倡导者认为此法可以起到的作用。

2. 素质教育目标

从语言教学的层面来看，任务型语言教学提倡认识任务的重要作用；从培养层面来看，任务型语言教学从人的发展和培养看待任务的重要作用。任务型语言教学从本质的角度分析人文主义的教学理念。按照利特尔伍德的观点，任务型语言教学有交际、认知、人的全面发展三个层次的任务。

有三个层次的任务：第一个层次只涉及交际；第二个层次涉及认知；第三个层次是人的全面发展。

第一层主要为交际任务，通常指发展学生交际能力的时候在某一特定的情景或者语言范围当中进行。大多数的任务是围绕着某一特定的功能或者解决一些比较简单的问题。此时，学生使用的语言结构通常比较简单。第二层次的任务挑战性比第一层次更进一步。一方面要促进学生交际技能的发展，另一方面要发展学生认知策略的能力、处理和组织信息的能力。第三层次的任务是促进人的全面发展，除了培养和提升学生的交际能力和认知策略之外，还需要有效借助学习外语的经历与相关体验，推动学生在个性方面的发展。从实际意义来说，这已经不是单纯的语言方面目标，而是作为教育目标有着更深层次的含义，包括很多方面，如文化意识、人际交往能力等。

二、任务型教学法的原则

（一）具实性原则

对人们在实际社会生活中参与的各种不同类型活动，运用的各种语言进行充分模拟，同时将语言教学和学生在以后实际生活中的语言应用结合在一起，是英语任务型教学法的主要核心思想。英语教学任务设计提供的各种有趣场景，假如可以让学生充分体验和实践英语的语言交际，并且让学生在比较真实的场景当中完整地完成英语交际任务，一方面能快速提升学生对英语的感悟力，另一方面可以促使学生和中介系统建立极为紧密的联系。有效借助英语语言内化，不仅能成功实现对目的语意义的主动构建，还可以进一步实现对中介语的改造和中介语的重组。

（二）连贯性原则

连贯性原则除了和任务之间存在紧密的联系，还和教学任务在课堂中的实际步骤、实际程序有着比较紧密的关系，从某种程度而言就是在实际的实施过程当中，使设计的任务不管是在教学上还是在逻辑上都可以保持连贯和流畅。我们已经知道所谓的任务教学法主要是指英语教学借助一组或者一系列的任务履行，实现或者达到英语教师设定的教学目标。无论是一堂课当中的若干个小任务，还是某一任务当中的若干个子任务，在任务教学法当中都是相互关联的，都有着相同的教学目的或者教学目标指向，并且在内容方面也都是相互衔接在一起的。"任务链"或者"任务系列"应该是课堂上任务呈现的具体形式，虽然前面任务是后面任务的基础和出发点，但是后面任务依旧属于前面任务。由此，每一列的教学阶梯都是由每一节课的任务系列或者每一教学单元的任务系列组成的，让学生可以由浅至深地逐步学习，从而最终完成或者达到英语教师设定的预期教学目的。

（三）针对性原则

众所周知，每一位学生都是独立存在的个体，英语教师在教育教学的过程当中不仅要承认学生的个体差异，还要充分尊重学生的个体差异，同时有效针对学生的性格特点和学习能力，做出全面、系统的深入思考，在实际的教育中真正做到以人为本和因材施教。在设计教学任务的过程当中，英语教师需要对每一位学生的英语水平进行全面和仔细的分析，尽可能选择和学生水平比较接近的教学书籍和相关材料，并且为了进一步提升学生在语言运用方面的能力，专门针对这一方面制定与之相对应的教学模式。

英语教师在设定教学任务的时候，难度过高会使得学生在学习英语的过程当中产生恐惧心理和排斥心理，相反难度过低会使得学生在学习英语的过程当中感觉无趣、简单和枯燥，并且在完成英语教师设定教学任务的时候无法获得满足感。所以，英语教师应该选择适合在有限课堂条件下完成的教学任务。除此之外，不同的学生在面对任务教学方法的时候，接受能力也存在一定的差异，因此在设计英语教学任务的时候应该全面思考，使设计出来的教学任务具有一定的多变性。同时，在实际设计教学任务的过程当中，英语教师要对学生学习水平的提高或者退步进行全面、充分的考虑，从而使设计出来的教学任务更具针对性。

三、任务型教学法的优缺点

（一）任务型教学法的优点

任务型教学法从某种意义上来看是对交际法批判式地继承和发展。任务型教学法的主要核心就是任务，以便于进一步计划和组织教学，制订适合学生发展的任务大纲，最终的教学目标就是任务的顺利完成。任务型教学法认为外语学习的实质条件主要包含以下三点：一是非常真实的语言环境；二是学生拥有较多的目标语输入、输出机会；三是学生和学生之间的相互意义协商。任务型教学法主要采用的是任务组织教学的形式，为学生学习英语创造有利条件。学生在学习英语的过程当中，选择和生活有紧密关系的交际任务，可以为学生创造出接近自然的真实语言学习环境，同时还可以帮助和促进学生进行互动和意义协商，除了为学生提供较多的语言输入和输出机会之外，还可提供验证假设的相关机会，从某种程度上可以快速推动和促进学生在语言方面的能力发展。

任务型教学法在绝大多数情况下，以任务作为分析单位来编制大纲和实施具体的教学，同时有效借助各种教学任务将语言系统和语境充分结合在一起，把以前的形式教学重心成功地转移到意义上。一方面，在使用语言的时候，可以让学生充分了解、掌握语言，并且灵活运用，同时为学生构建有利于发现和探索的情景，使学生在认知能力方面和智力方面都得到快速提升，最终在教学当中成功确立学生的主体和中心地位。另一方面，学生可以通过组织和使用语言来寻求正确答案、解决困难问题和完成相关任务。随着时代的发展，对语言系统的了解、掌握已经不是教师教学的最终目的，现如今仅仅是一种手段，用来发展和提升学生交际和解决问题的能力。由此，我们可以看出，任务型教学法将真实性、学用结合等众多特点充分地展现出来，从实际意义上说是外语教学法的进步和创新。

（二）任务型教学法的缺点

第二语言习得理论是任务型教学法理论的主要依据，强调意义才是学习语言的重点与核心。在教学的过程当中虽然语言形式也会受到关注和重视，但是在处理相关语法的方式上则依赖于教师的主观经验判断，非常随意并且缺少一定的系统性和全面性。除此之外，无论是任务的选择和分类，还是任务的分级和排序都存在较多的困难，尤其是在达成统一的共识方面更加困难。

四、任务型教学法的应用

（一）任务前阶段

1.任务的准备

信息内容和语言知识、技能是任务准备的主要内容。教师在实际的任务准备过程当中，还需特别注意两个问题，即语言输入的真实性和任务的难度。语言输入的真实性，是指在任务教学中所采用的语言教学材料所具有的自然的口头语言和书面语言的品质程度。英语教师的教学材料在真实的课堂教学环境当中，不仅具有自然交际环境下真实性的特点，还具有在相关课程标准指导下模仿自然交际真实性的特点，共同组成了语言输入。任务的难度则主要由三个方面的因素决定：

一是学习的内容；二是活动的类型；三是学习者自身的因素。任务的难度则由这三方面的因素综合后得出。

2. 任务的呈现

任务的呈现，是指在学习新语言之前，教师要求学生运用所学新语言将任务完成，也就是介绍相关任务。英语教师在教育教学的过程中应该充分考虑学生的生活经验或者学习经验，并且创设与之相关各种有趣的主题情境，将学生的好奇心充分激发出来，充分调动学生学习英语的主动性和积极性。英语教师在这一过程当中除了要为学生提供与其相关的话题之外，还要为学生指出和提供正确的思维方向，同时把学生已有的知识结构和将要学习的知识联系在一起，将学生学习英语的求知欲充分调动起来，让学生有想要开口说英语的欲望，用兴奋和期待的心情去学习新的知识。在这一环节中，教师需要遵循先输入、后输出的原则，也就是说，学生将完成任务需要的语言知识和相关技能激活之后，教师才可以把任务导入进去，此种方法除了可以保证学生学习的顺利进行，也是为下一个环节奠定基础。

（二）任务中阶段

任务中阶段不仅是英语教师实施某一任务的关键阶段，还是学生学习和进一步掌握语言技能的重要阶段。因此，任务在这一阶段的选择非常关键和重要，任务难度过高会让学生产生排斥和厌恶的心理，任务难度过低会导致学生在完成任务的时候无法获得一定的满足感，对学生的学习都极为不利，教师只有选择合适、恰当的任务难度，才有利于学生的学习和发展。在英语教师实际的教学过程中虽然经常无法避免任务难度过高或者过低的现象，但是能通过各种方法来弥补。

学生在实施具体任务的过程当中能采取各种不同的形式，如小组成员自由组合的形式等。小组活动在课堂上是极为常见的活动方式。在小组活动的时候，要对小组和个人的相关任务进行明确，同时也要适当转换师生之间的角色，并且教师在这一过程当中要适当地指导小组活动。此外，为了鼓励学生，教师也可以不做旁观者，而是参与学生的小组活动，成为小组中的一员。这样做的好处是教师可以及时地对学生实施任务的情况进行监督、指导，了解学生掌握新知识的程度，并根据具体的情况，随时对教学策略实施调整，以保证任务完成的质量。

（三）任务后阶段

任务的汇报和评价是任务后阶段的主要工作。在顺利完成某一任务之后，由教师指定的代表或者小组成员推选的代表向班级报告任务完成的具体情况。教师在学生代表汇报任务的过程当中，应该给予学生代表相应的正确指导以及恰当的帮助，从而使学生任务的汇报更加准确和得体。

教师在所有任务汇报结束以后，应该和全班所有学生对每一个小组的任务汇报做出相应的评价，除了要指出任务当中的优点外，还要指出任务当中存在的不足和缺点，并评出最佳小组，让学生在完成任务之后，品尝到成功的喜悦，同时对自己的不足也有所认识。在评价过程中，教师不仅要对结果进行评价，还要引导学生如何正确、理智地评价自己和他人，帮助学生形成良好的评价思维方式。对于完成情况较好的小组，要给予精神鼓励或适当的奖励。

第四节　内容教学法

一、内容型教学法的基本原则

（一）教学决策建立在内容上

在设计阶段，无论是语言课程的相关设计者，还是教材的编写者，均会面临两个问题，分别为内容的选择和内容的排序。语法翻译法等比较传统的教学方法，在编写的时候大多数会按照语法的难易程度来进行。例如，一般现在时和其他时态相比较，学习更为容易，因此在编写教材与教师的教学当中，一般现在时经常处于优先学习的地位。也正是因为如此，在教材的编写和教师的教学当中会经常按照此类原则，将容易学习的简单内容放在初学阶段和优先地位。

内容型教学法将传统教学方法当中内容的选择和内容的排序原则，做出了颠覆性的变化和调整，摒弃了以前传统教学方法中以语言标准作为教师教学的出发点，而是将学生学习的内容作为统率语言选择和语言排序的重要基础。

（二）整合听说读写技能

传统教学法经常开设具体、详细的技能课，如写作课等形式教学。内容型教学方法除了尝试将听说读写四项基本技能整合在一起之外，还不断尝试将语汇教学和词汇教学包含于统一的教学过程当中。众所周知，由于多种技能和语言的交流真实情境、交互活动有关联，因此产生了此项教学原则。与此同时，内容型语言教学对在课堂上强调先听说后写作的传统教学顺序极为反对，由此我们也可以看出内容型语言教学的教学技能没有固定的顺序，能从任何一种技能出发。

（三）教学的每一个阶段都要求学生积极、主动地参与

内容型教学法作为交际法发展的分支，对学生在学习过程中的积极、主动参与非常重视和关注。其中，主张内容型教学的众多优秀学者认为，只有把学生暴露在教师的语言输入当中，才可以促进学生语言的学习和产生，同时学生还能在和同学之间的相互交往过程中得到数量庞大的语言信息。所以，学生在实际课堂的交互学习、意义协商等过程中承担着积极、主动的社会角色。除此之外，学生在内容型语言教学中能承担接受者、计划者等不同的角色，并且教师也同样承担着多种角色，如学生的信息源、引导者等。

（四）学习内容的选择与学生的兴趣、生活和学习目标相关

学生与教学环境从某种程度而言，对内容型教学法最终内容的选择有着决定性作用。通常情况下，教师的教学内容和教学科目平行进行，所以在中学阶段，英语的教学内容可以来自科学、历史等其他科目当中学习的内容，并且学生可以在高等教育的环境当中选修"毗邻"语言课。"毗邻课"是两名优秀的教师从不同的观点和角度传授学生同一内容，最终实现和达到不同教学目标的课型。教学内容在其他的教学环境当中，能充分按照学生未来发展的职业需求规划以及一般兴趣特点选择。实际上，无论教材的编写者，还是教材的使用者，很难确定哪一部分的内容是学生感兴趣的，虽然这一原则极难掌握，但是因为教师的教学时间比较长，有充分的时间和机会将教学的课程内容、学生主动学习的兴趣以及学生

充分掌握和了解的知识，三方面结合在一起。综上所述，内容型教学理论实现的重要基石，从另一角度看是让学生对教师选择的内容感兴趣。

（五）选择"真实的"教学内容和任务

真实性是内容型教学的核心和关键成分，要求课文和任务的内容都应该真实。真实的教学范文比较广泛，包括一首动听的歌谣、一个美丽的故事、一段有趣的卡通等。教师在课堂教学的过程中将这些真实的内容放置其中，将成功改变这些内容的原本目的，可以更好地为学生的语言学习服务。除此之外，内容型教学的主要目标就是实现任务的真实性，任务只有和文本情景成功结合在一起后，才可以将真实世界的状况反映和展现出来。

（六）对语言结构进行直接学习

内容型教学法从实际意义上来看是把学生暴露在语言输入之中。让学生在实际的生活当中获得灵活运用语言的交际能力是内容型教学法的最终目的。内容型教学法的信息源多种多样，如文本形式、小组活动等。同时，内容型教学法认为学生成功的语言学习不应该仅通过理解性的输入，学生在学习的时候对真实文本中出现的语言结构采用增强意识的方法，才是成功的语言学习。

二、内容型教学法的特点

其一，对"内容"的强调与利用。"内容"能充分满足语言教学的不同目的。内容型教学法为英语课堂提供非常丰富的教学情景，英语教师在解释某一语言具体特征的时候，可以通过这些内容展现出来。与此同时，学生学习语言成功的基础就是"内容"。因为"可理解性输入"和"最近发展区"这两种理论，都十分强调和注重学生当前语言水平内容的输入，所以目前内容型教学法实践最为普遍的趋势就是将内容输入放置于比较特殊的地位。

其二，不以教学课时为基本单位。教师是无法在一节课当中完全讲完一个单元内容的，大多数均会超出单个课时。内容型教学法的教学内容单元，实际上长达几周课时，有的甚至时间更长。

三、内容型教学法的教学模式

（一）主题模式

该模式主要是通过主题模式来组织和开展教学的。与学生学习的其他科目或者与学生生活有着紧密关系的内容，都是这些主题内容的主要来源，主题教学模式一方面是为了成功实现教学内容和方法的突破，另一方面是为了能够有效解决英语教学中长时间无法解决的矛盾。

主题教学模式虽然对学生学习语言表达的意义十分注重，但是也同样重视和关注学生对语言形式的学习。学生在学习的过程中有效借助主题的建构和学习有关社会生活的各方面知识，以及通过众多细节环节，学习各种短语、句型、词汇等知识，最终将意义和形式两者结合在一起。

内容型教学法的主题模式可以帮助和促进学生快速实现在跨文化交际能力方面的全方位发展。学生在以主题为中心的学习当中，除了得到社会和文化方面的知识外，还能获得交际方面的知识；学生在完成某一交际任务后，可以快速提高以听读写为基础的跨文化交际能力，并能培养和锻炼学生自身的素质，使个性得到充分发展；学生在自主性的学习过程当中，不仅能找到自我价值，还能成功实现自我超越。

（二）附加模式

内容教学中的附加模式主要指语言和学科内容的教师，在传授相同教学内容的时候保持同步，并且教学的重点和目的完全不同。语言知识是语言教师在教学过程中重点强调的，同时语言教师也要完成语言教学目标；学科内容的教师和语言教师相比是不同的，重点强调和关注学生对学科内容的充分理解和掌握。例如，英语和心理学的教师虽然都是对学生开展的心理学教学，但是前者是把心理学材料作为课程中对学生传授的相关内容，快速提升学生在英语使用方面的能力是主要的教学目的；后者是则是对学生完成心理学学科内容知识的完整传授。也正是因为如此，学生在英语教师的课堂上最主要的任务就是，对英语教师传授的教学内容进行充分的理解与吸收，提升对难度较大内容的理解速度，同时在语言教师正确、科学以及合理的指导下，促使学生快速掌握和学会语言。

四、内容型教学法的优缺点

（一）内容型教学法的优点

（1）内容型教学法中丰富的学科内容能促进学生智力的发展。迄今为止，交际法是最重视外语教学中语言形式和内容密切结合的方法。需要注意的是，因为交际法还没有充分摆脱传统"内容自由"选择的束缚和制约，所以在选择内容的时候依旧是以语言功能，以及意念形式来进行。这样就会使语言除了可以作为内容之外，还可以作为教学的中介，非常容易在课堂中形成短期的循环现象，也就是在一段时间内教师的教学重心，有时在教学内容上，有时在语言结构上。需要注意的是，内容的不同要求思维方式的不同，同时思维方式的不同要求教学内容的不同，简单来说就是，语言内容的不同会促使学生产生不同的认知过程。随着时代的发展和教育事业的进步，想要充分满足学生在学习过程中认知能力发展的多种需求，教师采用单一、以结构为组织的教学原则是无法满足的，因此快速促进学生认知能力发展的选择之一就是多元和丰富的学科内容，同时它也是语言教学的核心所在。外语教育的目的随着时代的发展以及教育的进步逐渐发生变化，促进人类发展的重要因素逐渐变成语言教学，并且成为促进人类思维和语言能力发展的重要条件。学生在学习第二语言的过程当中，普通认知技能的进一步发展与把学生暴露在母语当中占据同样重要的地位，获得语音、语义等众多语言能力与理解、分析等认知过程，两者之间有着非常紧密的联系。除此之外，因为思考方式的不同，需要的语言内容类型也是不同的，所以学生在学习的过程当中，教师应该充分引起和激发学生对内容的兴趣，除了促进学生在思维方面的发展，还可以促进学生在语言能力方面的发展。

（2）快速提升学生在高级学习方面的策略。学生思维发展的过程中学习策略也会随之提高。学生在学习语言的早期，如翻译、重复等虽然属于比较容易掌握的策略，但是学生在内容极度缺乏的环境当中，无法摆脱狭隘语言结构知识情景的束缚和局限，在一定程度上阻碍了学生高级学习策略的发展。由此，我们可以看出成功学习一门语言的条件就是高级策略。难度比较大的任务可以促使学生在思维能力上得到不同的发展，并且这些任务大多数和情景有着极为紧密的关系。学生在真实的任务情景当中积极参与意义协商，并且面对理解难度较大的信息积极反馈，此时副语言特征和情景信息均会支持和促进语言的进一步发展，语言得到最大限度的支持。当情景与认知难度同时降低或者减少的时候，学生无论是理解语言意义的能力，还是解释信息的能力，都仅仅依赖于学生语言本身的知识。情景丰富的语言学习环境，可以给学生提供极为丰富的材料，如语言、元语言等，这些在学生信息加工的过程当中有着非常重要的意义和作用。众所周知，母语是在认知难度与情景丰富的语言环境当中习得的，英语的学习条件和母语的学习条件是完全相反的，无论是认知难度还是语言情景等情况都不甚乐观，因此教师的教学效果并不理想。

（二）内容型教学法的缺点

（1）具体实施内容型教学法的教材极度缺乏。当前，欧美国家的内容型教学法实践依旧处于探索阶段，原因在于它包含的方法模式不仅十分复杂，内容体系数量也极为庞大，形成统一教材的难度较大。仅从教学模式的角度来看，它就有主题模式、附加模式等多种教学模式，并且每一种教学模式对教师知识结构、教材等都有着不同的要求。综上所述，想要成功编写出容纳多学科内容，并且充分符合不同学科内容教学规律的科学、合理的教材是有较大难度的。

（2）能够完全胜任内容型教学法的师资力量极度缺乏。教育教学的过程当中对师资的要求，在内容型教学法的影响下发生了很大的变化。其一，不同的学科内容对教师有着较高的要求，需要教师具备与学科相对应的丰厚知识储备和经验，在实际的教学中绝大多数的教师无法达到这样的高要求。其二，对教师来说教学模式的不同也是一个不小的挑战。教师想要在教学过程当中顺利完成教学任务，一方面要具备丰富的教学知识和教学技能，另一方面还需要和其他学科的教师相互协调与相互合作，因此教师需要改变和摒弃以前将英语当作独立学科的思维定式。由此，我们可以看出，内容型教学法对师资的要求远比其他教学方法对师资的要求要高。

众所周知，文化的重要载体就是庞大、丰富的学习内容。同时，学习内容除了是语言发展的关键条件之外，还是我们人类自身思维进一步发展的重要影响因素，现代外语教学法的主要出发点是丰富的学科内容。语言内容和语言意义长时间存在矛盾和冲突，为了能够有效协调两者之间的关系，需要创设新型的内容型教学模式，该模式能促进人的全面、系统发展，使以前各种教学法重语言、轻内容的做法得到非常彻底的改变，同时也有效改变了教学法定位，如"为教语言而教学"等，并且逐渐走向为人类整体发展教学的正确方向。

第五节　语法翻译法

如果把外语教学法发展史分为前科学时期和科学时期的话，那么语法翻译法便是前科学时期的产物，而不是语言学、教育学、心理学诸学科的自觉综合应用。

通过母语传授外语的方法，我们称为语法翻译。翻译是教师教学过程中的基本手段，并且学习语法是学生入门的主要途径。通常情况下，学生学习外语是通过把目的语翻译成本民族的语言，不仅对语法规则进行背诵和记忆，还背诵记忆大量语法的相关词汇，并且有效借助海量的语法翻译练习来进一步强化学生自身的记忆。主要特点就是着重强调和关注学生对语法知识的充分掌握、了解和运用，学习外语语法规则就是语言学习的实质。

在 18 世纪、19 世纪，因为众多优秀语言学家对语言的充分认识和了解，以及较多的社会需求，在一定程度上促使了语法翻译教学法的产生和发展，并且之后的语言学研究和心理学方面的深入研究为该教学法提供了非常重要的理论依据。18 世纪部分优秀的语言学家不仅对词类进行了大量的研究，还对词类进行了划分，从而为语法翻译教学法的形成奠定了基础。语言学家在当时通常将语言整体划分到词类的范围当中，认为只要充分掌握和了解了词汇，就可以对所学语言有全面的掌握。语法翻译教学法作为比较完整的语法体系，主要依赖于语法，对基本概念和课文进行全面、系统地分析、讲解。当时众多优秀的语言学家将语法当作一种非常独特的黏合剂，认为在学习外语的时候只要按照一定的语法规则，把众多的词汇结合在一起就能将思想表达出来，从另一层面看也就是充分掌握了所学的语言。语言学家在此基础上，除了对语言规律开展深入的研究之外，还对语言规律进行了分类，并且逐步建立"希腊－拉丁语法体系"，该体系一方面构建了语法翻译教学法的基本轮廓，另一方面建立了语法翻译教学法的基本框架。语法在以语法翻译为重要基础的教育教学过程中是所有传授语言的重要核心和关键所在，并且语言学习最为主要的内容就是语法，所以传授学生语法规则、语言知识就是教师教学的中心任务，判断学生是否掌握语法规则的标准和准绳就是丰富多彩类型不同的教学活动。除此之外，部分优秀的语言学家还认为语言的精华就是书面语，在学习的过程当中应该通过学习书面语掌握和了解语言，因为在一定程度上为语法翻译教学法的教学内容确定了范畴。

人们在当时认为将词汇和语法两者结合起来就是语言，想要充分掌握和了解第二语言需要学习词汇与语法，只有将第二语言所有的语法规则以及海量的词汇掌握了，那么也就充分掌握了所学的第二语言。于是它把死记硬背大量单词和语法规则（还有语法定义、例句等）作为教学的主要内容，把掌握它们作为教学的主要目的。早期语法翻译法教授外语生词和语法往往是分头进行，都要求学生死记硬背，语法往往有单独的课本，按其自身的体系来讲授。中期的语法翻译法已开始注意克服语法教学和生词教学相脱离的弊端，尽可能而且尽早地把两者结合起来，有计划地统筹安排，遵循由易到难、由简到繁等一般教学论原则，在具体实施的时候通过有意义的课文来进行。与此同时，语法翻译教学法在语法和词汇当中，将语法的处理放在首要位置，原因在于大部分的人认为想要充分掌握一门第二语言，就需要掌握第二语言的全部规则，只有这样才能掌握第二语言的理解能力与表达能力。因此，语法是关键，只有经过语法分析，才能理解外语句子，也只有合乎语法规则的句子和由这样句子组成的文字材料才是正确的句子和文本。此外，当时人们还认为语法就是语言逻辑，学习语法就是学习语言的逻辑。语法的深入学习和分析在当时被人们认为是"磨炼智力的体操"，学习语法不仅可以训练人们在推理方面的能力，还可以有效训练人们在分析方面的能力，因此十分重视语法教学。在讲授第二语言时，教师使用母语，把生词及课文中的句子逐一译成母语，翻译是讲解生词和课文的基础。语法翻译法一般采用演绎法教学，也就是先传授学生比较抽象的定义和规则，然后辅以翻译的例词和例句，以便于帮助和促进学生更好地理解所学语法规则，并且用这些语法规则作为具体的指导分析学生在学习过程当中遇到的各种语言现象，以求学生可以正确理解并且造出合乎语法的句子，最终实现所表达的目的。从本质上来说，语法规则在教师的语言教学中主要是语言理论。在实际的教学过程中，语法翻译法着重强调"理论先行"，并且学生在语法规则指导下学习第二语言。从语法教学的角度看，古代崇尚理性的理性论哲学思想对语法翻译教学模式有着较大的影响。教师讲授之后，进行语法练习，语法练习多采用把母语译成第二语言的方法，因此翻译不但是讲解词汇、课文的基础，也是检测学生是否理解所学内容的基本手段。此种教学方法非常注重和强调语法形式，因为对句子意义没有太过重视，所以运用例句的时候会经常脱离原来的语境。

语法翻译教学法有以下特点。

（1）学习外语的语法与词汇就是学习外语。

（2）语法除了是学习外语的最终目的之外，同时还是学习的重要手段之一。

（3）教师在教学的过程当中运用母语，讲解、练习以及检查的基本手段就是翻译。

（4）教师在教授学生语法知识的时候以词为单位。

（5）教师教学最基本的教材以文学作品名篇为主。督促学生对文学作品名篇进行重点阅读，学习原文或者原文名著。

（6）教师在外语教学的时候通过有效利用文法和学生的理解力，进一步提高外语教学的效果。

（7）创建了翻译的基本教学形式。

（8）使用极为便利，教师只需对外语的基本知识和基本技能有全面的掌握和了解之后，就能拿着外语课本传授学生外语知识了，并且也不需要特殊的教具与设备。

语法翻译教学法有以下优点。

（1）语法规则和词汇知识在语法翻译教学法当中，从某种程度而言使语言输入更加容易理解。同时，学生可以将接触到的各种语言现象全部系统化，从而由浅入深、由简到难的把语言分级处理。

（2）帮助学生做出无意义或者有意义的假设，以及辨别出母语和目的语两者之间的不同之处。

（3）帮助和促使学生将目的语结构成功内化，不断提高学生在使用外语方面的能力。

语法翻译教学法有以下不足和缺点。

（1）在教学中忽视培养和锻炼学生的听说能力，没有真正将语言的本质抓住，并且不重视对学生在语音方面和语调方面的教学。学生在听说方面得不到足够重视和应有的训练，虽然有着较好的语言基础并且对语法规律极为熟知，但是学生口语的表达能力和交流意识都比较弱，因此学生在实际的交流活动中无法将所学语言知识的作用充分发挥出来。

（2）教师在教学过程中对翻译过分强调和注重，传授学生外语仅仅通过翻译手段来进行。此种做法极易促使学生养成依赖翻译的不良习惯，同时也在一定程度上阻碍了学生交际能力的提升，不利于外语交际能力的培养。

（3）在实际的课堂教学中过分强调和注重语法的作用。众所周知，语言讲解除了依据定义给出例句之外，还脱离了学生的实际需要与语言水平。教师的教学过程比较呆板、机械，无法充分激发和引起学生学习的强烈兴趣。教师极易陷入单方面讲解的不良状态，严重忽视学生的具体实践。

（4）对语言知识的传授极为重视和关注，不重视学生在语言技能方面的培养。

语法翻译法由于适应性广，简单而便于使用，尽管受到了极大的挑战和批评，它至今仍为许多外语教师在实际工作中所采用，为外语教学提供了许多借鉴之处。

第六节　过程体裁法

早期的英语写作教学理论主要来源于经典修辞学的研究成果。直到20世纪60年代，英语写作教学的内容主要集中在对世界经典文学作品的深入理解和篇章分析上，其目的在于使学习者掌握各种文体的语言特点和写作方法，进而能够模仿并创作出自己的作品。

一、结果教学法

结果教学法起源于中世纪的拉丁语教学，是一种以行为主义理论为依据的传统的侧重于写作的教学方法。注重提高学习者词汇运用、句式组合、语法结构等与写作密切相关的基础能力，按照句式分析、段落组合、篇章应用的过程组织写作教学。结果教学法的一般过程可以归纳为以下几点。

（1）教师选取一篇典型范文讲解其修辞模式，介绍修辞特点、语言特点和篇章结构，让学习者熟悉范文的基本结构。

（2）教师要求学习者对范文中的相关常见句式进行替换练习，并在教师的指导下逐渐由句式练习过渡到段落写作。

（3）教师根据已经讲解过的范文篇章结构和范文中采用的修辞方法布置课后写作作业，教师会根据学习者的需要和实际水平向学习者提供写作作业的提纲，学习者模仿范文并尝试写出相似类型的文章。

（4）学习者熟练地掌握了各项写作技能，可以自如地进行创作。

结果教学法是目前使用最为普遍的一种英语写作教学方法，国内很多英语写作教材也是按照这种教学法的思路进行编排设计的。这种教学法注重语言技能的掌握和语言知识的运用，强调语言的准确性、段落的合理性和结构的完整性，教师集中讲解范文的结构特点、修辞特征和语言特点，非常适合大班授课。但是结果教学法忽视了对学习者认知能力的培养。学习者的写作过程完全是在教师的主导下进行的，教学过程中忽视了学习者主体作用的发挥，学习者的学习始终处于被动接受的状态，没有自由发挥的空间和机会。教师和学习者都过多地关注写作的结果，教师在教学过程中更注重语言知识的讲解，而对学习者写作过程缺乏必要的指导和纠正。学习者倾向于机械模仿范文的结构和句式，直接套用范文中固定的表达模式，写出的文章常常内容空洞，缺乏创意。

二、过程教学法

过程教学法是形成于 20 世纪 60 年代的一种写作教学方法，起初主要应用于基于母语的写作教学，从 20 世纪 80 年代开始逐渐在二语习得领域中得到推广应用。

（一）主要特点

（1）过程教学法认为写作是一个交流沟通的过程。在写作过程中要以学习者为中心，发挥学习者的主观能动性，注重发展学习者的思维能力和交际能力，提倡学习者之间的合作与交流，不断提高学习者的写作水平。

（2）过程教学法强调创造性思维在写作中的主导作用，反对学习者消极被动地接受知识。注重提高学习者的语篇分析能力和逻辑思维能力，强调学习者要独立思考、积极探索，把写作看成一个同化的认知过程。对写作素材和范文进行全面深入的分析理解，从中发现和提炼其写作的特点和规律并加以内化，学习者才能够在写作实践中灵活地运用语言知识，创作出优秀的作品。

（3）过程教学法强调写作的根本任务是培养实际交际能力，写作教学的范围和内容得到极大扩展，包括语言知识、语义理解、篇章结构、文书体裁、社会文化、读者心理等方面，这些教学内容对于提高学习者的实际交际能力具有很大作用。

（二）教学过程

（1）提前构思。教师可以根据写作要求，让学习者通过参加集体讨论或独自思考的方式形成与写作主题相关的所有想法和观点的提纲，也可以要求学习者阅读与写作主题相关的教材、报刊、书籍等，通过阅读形成自己的学习体会。

（2）形成初稿。要求学习者将自己的构思用语言表达出来，初稿的完成是一个构思—修改—构思—修改的反复创作的过程，教师应当及时给学习者提供写作指导，要求学习者重点关注写作内容的表达，而不必过多地考虑句式是否正确、选词是否恰当等具体形式问题。

（3）进行互评。把学习者进行分组，鼓励学习者对同学的作文进行讨论评价，提出修改意见，这些讨论、评价只涉及作文的内容而不涉及表达形式。教师不要对互评过程过多干预，只需对学习者提出的问题进行必要的指导。

（4）修改完善。学习者以小组其他同学的反馈意见为主要依据，重新审视自己的初稿，对存在问题进行必要的修改。之后，教师对学习者修改后的作文进行个别指导和评价，指出作文中的语法错误。

（5）最后定稿。学习者把从各方面得到的意见汇总，重新修改以后完成最终作品，教师对文章做出综合评价。

三、体裁教学法

体裁教学法也称语类教学法，是 20 世纪 80 年代形成并发展起来的，起初主要应用于成人教育领域的写作教学以提高学习者的写作能力，之后体裁教学法的影响和应用范围迅速扩大。体裁教学法侧重于培养学习者的体裁能力，包括很多方面，如认识和了解各种类型体裁的篇章结构等。

（一）理论基础

（1）语域理论。系统功能语言学认为，语言是一个完整的、封闭的、抽象的符号系统，只有置身于特定的社会文化情境中才有意义，语言在使用过程中也建构起一定的社会文化语境，而语篇是语境的产物。在系统功能语言学理论中，语域的概念主要用来解释具体语境中的语言变化，主要体现了语篇的微观特点，而体裁建构了语篇的宏观结构，马丁（Martin）认为，体裁是阶段性的、以交际目标为导向的、社会性的过程 ❶。

语篇、语域和体裁属于不同层面上的概念，不同的语境产生不同的体裁，进而形成不同的语篇结构，语域因不同的语篇结构而各具特点，由此产生了不同的语言特征和功能。

（2）语篇体裁理论。系统功能语法学派的系统功能语言学家韩礼德（Halliday）等认为，体裁反映了语篇类型，体裁结构是指语篇的意义结构而不是

---

❶ Martin J R. Language, register and genre[M]. Christie F. Children writing : a reader. Geelong. Vic : Deakin University Press，1984 : 25.

形式结构❶。马丁（Martin）认为交际目的决定了语篇的类型、语篇的结构以及语法体现❷。

总而言之，体裁可以理解为同一类型的言语活动，不同的体裁都有其各自的语言特点。一般认为具有三个特点：一是任何体裁形式都蕴含着特定的交际目的，对于语篇内容的选择和语篇风格的形成具有重要的影响；二是体裁是一种约定俗成的、程式化的社会互动形式和交往工具，每种体裁都有其相对固定的特点规律、文本形式、组织结构和基本原则；三是体裁形式也并不是一成不变的，受到文化等因素的影响，同一体裁的语篇之间也存在许多差异。

（3）语篇体裁分析理论。在体裁理论的基础上，马丁（Martin）建立了"纲要式结构"语篇体裁分析模式❸。该分析模式一方面注重从宏观层面理解、分析和把握语篇的结构、特点；另一方面注意从微观层面分析各种体裁在各个方面的差异，如语言特点等。也正是因为如此，悉尼学派体裁教学法在此种分析模式上提出了自上而下的教学模式。

"纲要式结构"体裁分析模式应用范围比较广泛，可以对语言的修辞进行剖析，可以探讨语篇中所使用的语言交际策略，可以进行相关的语域分析，可以解读语篇的交际功能。我们可以利用这种分析模式对不同的体裁形式进行多层面多维度地分析，实现了对语篇分析进行全方位的深层解释。

此后，马丁（Martin）又进一步提出了轮式体裁教学模式，并且他成功将写作教学过程分为三个不同的教学阶段，一是示范分析阶段；二是共同进行协商写作阶段；三是独立写作阶段。这三个阶段的划分是相对的，不可能截然分开，在具体教学过程中可以根据学习者对某一体裁的具体掌握情况灵活设计课堂教学活动。

体裁分析模式可以用于研究语篇的交际目的和语言使用策略，主要是对语篇的语言特征进行描述，分析语篇建构的方法过程，揭示语篇蕴含的社会文化因

---

❶ Halliday M A K, Hasan R. Language, context, and text : aspects of language in a social-semiotic perspective[M]. Oxford : Oxford University Press, 1985.

❷ Martin J R, Rose D. Genre relations mapping culture[M]. London : Equinox, 2005.

❸ Martin J R. Mentoring semogenesis "Genre-based" literacy pedagogy[M]. Christie F.Pedagogy and the shaping of consciousness : Linguistic and social processes.London : Continuum, 1999.

素，指出交际目的的实现方式。

体裁教学法是把体裁分析理论运用于课堂教学中，围绕语篇结构分析开展教学活动，具有广泛的适用性，既可以用于写作教学也可以用于阅读、听力、口语等其他教学。

（二）教学模式

（1）背景介绍。教师在课前收集与语篇相关的社会文化背景资料，使学习者提前对课堂教学中需要阅读的语篇材料有一定程度的了解。

（2）分析示范。教师对语篇进行分析时可以对照同一体裁的典型范文来进行，分析的内容包括语篇的体裁结构、语言特点、交际功能、社会语境等方面。

首先是要求学习者快速阅读全文，了解语篇蕴含的社会意义，然后组织学习者精读语篇内容、展开小组讨论、教师给予提示，着重分析该语篇的组织模式，最后是剖析语篇的每个细节，分析语篇的语言特点，理解语篇的表达形式。通过对范文的分析，学习者可以对这一体裁形式的语篇的组织结构和语言特点有一个全面透彻的理解。

（3）独立分析。为了进一步巩固和加深学习者对体裁的理解，教师可以选择一些相同体裁的语篇材料，要求学习者按照教师在分析示范教学步骤中的方法尝试进行独立分析，在学习者进行独立分析时注意对比同一体裁的不同语篇在语言特点、组织结构、社会意义、交际功能等方面的差异性，避免盲目模仿。也可以让学习者在课外寻找同类体裁的真实语篇进行独立体裁分析，以使学习者进一步了解语篇的多样性。

在独立分析的基础上，教师可以指导学习者模仿写作同一体裁的文章，使学习者进一步深化对该体裁的篇章结构和语言特点的理解，并内化到学习者的知识结构中。

（4）巩固练习。可以采用默多克（Murdoch）设计的阅读理解练习方式❶进行巩固性练习。默多克（Murdoch）设计的练习方式分为基本练习和扩展练习两个

---

❶ Murdoch G S A. More integrated approach to the teaching of reading[J]. English Teaching Forum, 1986（1）: 9–15.

部分，其中基本练习包括了解语篇主题和背景相关的读前练习、培养学习者扫读和寻读能力的定位练习、培养学习者分析和解决问题为目的的读中练习、对语篇主题和要点进行归纳的总结练习等形式。扩展练习包括分析预测语篇体裁和作者创作思路的预测练习，将打乱顺序的语篇材料进行重新组合的拼凑练习，使用中介词衔接上下文的功能练习，对新学单词进行完形填空的词汇练习。

这些练习方式有利于更好地培养学习者的语篇分析和理解能力，强化学习者的写作能力和体裁意识，及时发现学习中存在的倾向性问题，使教师能够进行针对性的辅导。

（5）自主写作。教师指导学习者选择一个感兴趣的主题进行深入系统的研究，按照体裁形式和功能要求撰写文章，通过自主写作使学习者认识到写作是了解社会生活、参与社会交往、理解社会功能的一种有效方式，增强学习者的学习自觉性，克服学习者的畏难情绪，有效克服传统写作教学中的呆板和枯燥。

（三）不足

体裁教学法具有自上而下的语言教学模式，教学目标明确，教学活动灵活，教学组织严谨，教学效果明显。但是由于课堂教学时间有限，只能安排个别学习者在教师的指导和监督下完成体裁分析的所有教学步骤，其他学习者只能在课后时间自主完成教师提出的相关要求，教师不可能掌握每个学习者对语篇进行体裁分析的过程和效果。此外，由于体裁的种类繁多，有限的课堂教学时间和有限的语篇范文数量难以涵盖所有的体裁形式，学习者只能参照教师提供的典型范文进行模仿写作，长此以往容易造成文章风格特点的千篇一律和学习者思维方式的固化，这也是学习者在进行写作过程中经常会遇到的问题。

四、过程体裁教学法

结果教学法、过程教学法和体裁教学法侧重点都不相同，分别侧重结果、过程和形式，虽然这三种教学法都存在合理性，也能够对教学中出现的问题进行有效解决，但是却存在一定局限性。过程体裁教学法就是在结果教学法、过程教学法和体裁教学法的分析、综合与重构基础上提出来的。过程体裁教学法认为教师除了应该指引和引导学生重点关注分析语篇当中的语言知识交际功能之外，还应该注重写作要素，如社会情境、写作技巧等。主要包括以下步骤。

其一，范文分析。众所周知，由于文章体裁不同其特点也是不同的，教师在选择典型范文时要充分按照教学过程中的实际需求以及学生的接受程度，帮助学生对范文进行分析和理解。除此之外，教师还应该为学生提供多篇相同体裁的范文，以便于让学生可以深入的理解和分析，并且在实际的生活当中学生能够将所学的体裁知识灵活运用，成功内化到学生自身的知识结构当中。

其二，模仿练习。教师需要在对优秀范文分析的基础上，积极、正确指引和引导学生参考、借鉴教师提供范文的格式，充分练习同一体裁的其他主题，从而使学生可以在短时间内成功内化所学的体裁知识，并且在实际的写作实践中能够灵活的运用所学知识体裁，以及进一步的强化所学知识体裁。

其三，自主写作。在过程体裁教学法中教师通过多种形式，如小组讨论等帮助学习集思广益，帮助学生打开写作的具体思路以及拟定写作提纲，之后学生在实际的写作练习过程当中充分围绕同一体裁的某个主题来进行。需要注意的是，在写作练习的过程当中，学生应该着重强调怎样恰当表达文章主题意义。

其四，文章评阅。教师在教学的过程中应该组织学生相互评阅文章，并且通过其他同学的反馈，使学生认识到文章存在的不足和缺点，针对这些不足和缺点反复修改，最终使文章的质量得到质的飞跃和提升。除此之外，教师对学生的反馈也应该清晰、具体和及时，发现和表扬文章中的闪光点，同时对存在的不足和缺点提出相应的修改建议和意见。

其五，总结反思。学生在写作学习的过程当中应该有详细的记录，只有这样才可以促进和推动学生发现写作学习过程中存在的问题和不足，及时进行有效的反思和改进，从而快速增强学生在学习方面的自信，以及不断地提升写作方面的能力。

但是过程体裁教学法在实施过程中还存在一些难以解决的问题：一是由于学习者写作水平差异很大，对教师而言要选择一篇典型的、难度适中的范文有很大难度；二是即使是体裁相同的范文也具有不同的篇章结构，学习者的模仿写作受到很大的局限；三是教学步骤比较复杂，教学环节较多，实际教学中可操作性不强，需要占用学习者大量的课外学习时间；四是部分学习者写作水平较差，难以对同伴文章进行有效评价和反馈，学习者之间的合作交流效果不明显。

第七节 听说法

一、听说法产生的背景

听说法产生于第二次世界大战期间。美国在战争以前奉行的政策是"语言孤立主义"，严重阻碍了外语教学的发展，产生的结果就是外语教学非常落后。因为当时美国教育局对外语的不重视，所以对学校也没有提出比较明确的外语教学要求，即便有一小部分的学校开设外语课程，开设外语的语种和实践也都非常少；培养学生在阅读方面的能力是当时外语教学的主要目标，因此在课堂教学上形成了重视阅读忽视口语的现象；教师在课堂上的教学方法比较古板，外语课堂都采用语法翻译法，除了在讲解语法方面花费大量的时间之外，还将大部分时间和精力花费在把外语翻译成母语的实际练习上面。由此，我们可以看出来，美国在战前奉行的"语言孤立主义"政策，从某种程度而言导致了外语人才的极度缺乏。

美国政府一直到20世纪40年代初期才逐渐意识到落后的外语教学以及外语人才的匮乏，这些不良局面和美国的国际地位严重不符，于是采取了一系列措施对外语教学进行有效改革。其中，美国教育部门的《集中语言教学方案》是由众多优秀的结构主义语言学家通过多方面努力共同研究和制定的。

美国在1945年战争结束后因占领任务，需要派出数量众多的军人前往战败国家，如德国、日本和意大利，因为缺少优秀的外语人才，所以美国为了可以快速、及时培养出一批优秀的军事外语人才，专门设立了外语培训机构用于培养外语人才。美国众多的高等院校与专门的外语培训机构在较短的时间内，就培养了一大批优秀的外语尤其是外语口语人才，这些优秀的外语人才充分满足了战争的需求。

当时的外语教学主要有以下两个特点：其一，教学时间非常集中。集中教学通常具有速成的独特性质，除了学习的时间比较少之外，多数采用小班上课，在口语方面训练强度非常大，同时担任外语教师的人选是目的语的"当地人"。其二，教学的课堂上运用听说教学法。无论是高等院校还是专门的外语培训机构在外语教学实践的时候，全部按照听说教学法的相关原理和原则来进行，不仅积累了极为丰富的教学经验，也积累了大量的经验数据，从实际意义上促使听说法逐渐成熟和完善。

不少语言培训机构与学校因为听说法的众多优点，开始尝试将听说法运用到日常外语教学当中，并且通过实践获得了较好的成绩和效果。与此同时，众多学术团体与语言教学研究机构在这些实践经验的基础上，专门针对听说法的理论和实践问题举行了多场学术研讨会，并且外语教学通过研讨会形成了一定的共识，也就是摒弃以前传统、无法紧跟时代潮流的语法翻译法，广泛采用和推广听说法。也正是因为如此，听说法在相关理论方面以及在实际生活中的具体实践方面都得到较大的发展，并且很快传播到欧洲与世界其他地区。

二、听说法的理论基础

听说法作为外语教学法之一，具备全面系统理论的基础。其中，语言学的基础就是美国结构主义语言学，并且心理学基础是行为主义心理学。

美国著名结构主义语言学家布龙菲尔德和弗里斯，为听说法的创立与广泛推广作出了很大的贡献。其中，布龙菲尔德先生编写的著作《语言论》，一方面是结构主要语言学的典型优秀代表作品，另一方面为听说法提供了极为重要的语言理论依据，促进了语言教学的发展，并且著作中阐述的部分理论在美国以后的外语教学中得到发展。弗里斯主要对外语教学相关理论和实践开展了深入的研究和探索，研究怎样才可以将结构主义语言学成功运用到实际的外语教学中，优秀的典型代表作品有《英语结构》《口语法》等。

华生作为行为主义心理学的创始人，通过对人行为以及动物行为的深入研究和探索，发现了它们存在一个相同的规律，那就是刺激与反应。同时，提出了非常著名的行为主义心理学的公式：刺激—反应，S-R（stimulus-response）。斯金纳的"新行为主义"是在华生行为主义基础上发展的，他在研究动物学习行为和人类学习行为以后，在原有的基础上将学习过程归结为：刺激—反应—强化。同时，得出以下结论：教师在教学的时候，积极、主动强化学生的某些特定行为能让学生形成习惯。

众多优秀的结构主义语言学家对高度结构化的体系持相信的态度。人们对母语的掌握到了非常高度的自动化程度，那么他们就可以在和人相互交流和沟通的过程中不需要经过任何思考，语言结构脱口而出。因此，教师在教授学生外语的时候应该让学生自觉运用已经掌握的语言结构，可以将学到的外语语音、词汇等变成一种新的语言习惯。需要注意的是，学生要想形成一种新的语言习惯，需要反复模仿，以及花费大量的时间、精力去训练和实践。

三、听说法的教学理论

（一）听说训练优先

众所周知，语言和文字共同组成了语言系统，听说、读写分别与声音、文字有紧密的联系，同时文字作为符号用来记录多变的声音。因此，口语和文字相比为第一性，排在文字的前面，文字为第二性。由此，我们可以看出外语教学的实际顺序应该是听说排在读写的前面，也就是先听说后读写。听说练习在课堂教学中应该占据主要地位，因此应该将大部分的时间放在上面。

（二）反复实践直到形成习惯

无论是结构主义语言学家还是行为主义心理学家，他们都认为语言的学习过程除了是强化人的行为之外，还是培养和锻炼人语言习惯的过程。学习外语和学习母语一样，要花费极大的时间和精力去模仿练习，并且多次反复实践，从而养成新的语言习惯。

（三）以句型为中心

语言结构层次虽然比较复杂，但是在人们相互交流和沟通的时候语言基本机构依旧是句型。因此，句型是外语教学的基本内容，在语言材料的选择方面和语言技能的训练方面都围绕着句型来进行。

（四）排斥或限制母语

众多优秀的结构主义语言学家对教师在外语教学中使用母语表达持反对的观点，尤其是在讲解某些词义的时候借助翻译手段。这些结构主义语言学家认为翻译作为一种特殊的心理活动，涉及两种语言，并且学生在翻译的时候头脑中会出现两种语言相互打交道，外语在此种情况下极易受到母语的影响和干扰。因此，结构主义语言学家主张通过借助上文和下文，并且用学生所学外语知识进行直接释义，排斥母语或者限制母语。

（五）对比语言结构，确定教学难点

对语言进行全面、系统的描写分析是结构主义语言学的主要特点。主张教师在外语教学的过程中应该对比分析母语和目的语的结构，以及对比分析目的语的内部结构。学生在学习外语的时候目的语言结构非常容易被母语结构代替，产生语言负迁移的不良现象，因此极有必要对比语言结构和确定教学难点。

（六）及时纠正语言错误，培养正确的语言习惯

学习外语的过程从某种程度而言是一种刺激—反应过程，即养成新的语言习惯。教师只有在教学过程中对学生不断地进行刺激，才可以保证学生做出精准和正确的反应。因此，教师在指引和引导学生模仿、操练的时候，应该及时、快速纠正学生出现的错误，从而使学生养成比较正确、良好的外语习惯。

（七）广泛利用现代化教育技术手段

随着时代的发展和科技的进步，教师在外语教学中充分利用各种先进的现代技术手段，如电影、录音等。同时，在制定电化教学体系的时候按照刺激—反应—强化公式来进行。

四、听说法的教学原则

（1）语言是说的话，不是写出来的文字。听和说是学习外语的前提，读和写只有在听和说的基础上才可以有效地学习，即先听说，后读写，听说是重点和基础。这个顺序在外语教学里是必须遵循的。

（2）语言作为结构之一，主要是通过各种句型展现出来的，因此想要对一种语言全面地掌握和了解，第一步就是要充分掌握和熟悉该语言的各种句型，尤其是在日常生活当中常用的句型。由此，我们可以看出学生学好外语的捷径就是练习各种句型。

（3）语言是习惯，习惯的最终形成不仅需要反复刺激，还需要多次的反应。教师在实际的语言教学当中应该教授学生语言本身，而不是教授学生和语言有关的知识。外语教学实际上就是不断培养学生灵活运用外语的语言习惯。同时，根据行为主义心理学的刺激和反映学说，要反复训练才可以真正培养语言习惯，并且语言知识和语言理解力在训练的过程当中没有起到较大的促进作用。

（4）语言作为一种特殊的存在，是对观察到的实际语言现象的描写。

（5）世界上的语言多种多样，各不相同。每一种语言均有着属于自身的独特性，尤其是在句子结构上的特点千差万别。因此，在编写教材的时候需要对比外语和学生母语，找出两种语言之间的相同和不同之处，只有在此基础上有针对性地编写教材，编写出的外语教材才适合学生学习使用。同时，将外语和学生母语的语言结构进行对比，可以在一定程度上面帮助学生找到和确定教学难点与重点原则，并且训练的过程更具针对性。

（6）只要出现错误就可以快速、及时纠正。我们已经知道学习外语的过程就是习惯形成的过程，习惯的最终形成不仅需要正确的模仿，还需要花费大量的时间和精力反复练习，最大限度减少和避免错误的模仿和练习，原因在于习惯形成之后很难更改。因此，教师需要在发现学生不良习惯的时候，及时、快速纠正，避免不良习惯的形成。

（7）限制母语的使用。语言作为习惯之一，只有通过对外语句型的反复训练才可以形成。因此，要在一定程度上限制母语的使用。

五、听说法的教学过程

（一）认知

教师在教学的时候借助模型、图片等实物，作为辅助手段，向学生发出相应的语言信号，使学生将接收到的语言信号与实物充分结合在一起，也就是将言语与实物表示的具体意思联系在一起。

（二）模仿

反复示范是教师在外语教学初始阶段最为主要的作用，同时学生在这一时期的主要任务就是准确和精准模仿。学生在初学时期鉴别能力比较差，因此教师在这一阶段要保持高度的敏感性，尤其是出错的学生，做到发现错误及时纠正。

（三）重复

教师在教学的过程当中为了让学生全面、准确、系统地掌握和记住已经学到的语言材料，需要督促学生反复操作和多次模仿，直到可以背诵为止。

（四）变换

学生在进行相应的模仿记忆练习以后，虽然存在一定的可能将所学的语言材料全部记住，但是依旧无法做到灵活运用。只有不断练习变换句子的结构，才可以真正培养和提升学生灵活运用所学知识的能力。

（五）选择

在描述某些特定场面、情景或者叙述某一独特事件的时候，让学生从已经学过的语言材料中选择合适的单词、短语与句型，此类练习可以充分培养和锻炼学生在语言综合运用方面的能力。

听说法的优点：一方面可以在比较短的时间内快速培养学生初级的外语口语能力；另一方面也能在短时间内培养和提升学生快速反应的能力，为学生学习和掌握新语言打下非常坚实的基础，比较适合外语短训班使用。

听说法不注重语法教学，教学中根本不提语法条条框框的问题，认为这些死规则无助于形成新的语言习惯。语言习惯的形成主要靠反复的练习。母语习惯的形成既然如此，外语习惯的形成也不例外。书本上的语法规则不必学，也无须在事先学，事后也不一定学，因为学习语言就是学习它的结构，掌握了全部句型也就掌握了语言的结构，也就掌握了语言。另外根本不承认有"语法规则"，听说法学派的哲学指导思想是经验论，他们只相信来自实践的经验，十分轻视理性，即语法规则。此外，听说法只重机械训练，从另一层面看等于直接否认人的认识能力，以及智力在学习外语过程中的重要作用，因此对学生主观能动性的充分发挥没有足够的重视和关注。听说法虽然非常重视语言形式，但是对语言内容和语言意义却没有重视起来，学生在学习的过程中因为缺少语法分析的相关能力，所以在遇到结构比较复杂语句的时候经常依赖于猜想，这样就导致了很多错误的理解。同时，因为缺少在语法方面的知识，所以学生在连贯和准确表现自身想法的能力方面极度缺乏。

听说法在 20 世纪 50 年代得到发展，60 年代到达鼎盛时期。到了 70 年代，由于唯理主义的兴起，听说法逐渐失宠，遭到一些语言学家的猛烈抨击，继而出现了功能法和认知法等流派。

第八节　产出导向法

众所周知，大学英语是我国高等教育中的基础课程，英语教学的目的是培养学生的英语运用能力。大学英语教学是双向、动态的交流，学生应该有充分的输入与输出的机会。与传统的被动教学方式不同，"产出导向法"作为我国高校在教学新环境下探索引进的新型英语教学模式，"产出导向法"的核心体系由教学理念、教学假设和以教师为中介的教学流程所构成。此种教学模式使得目前英语教学中经常出现的"费时低效"的现状得到大大改善，很好地平衡了在大学英语课堂中输入与输出的关系，达到提高课堂教学效果、使学生语言能力得到均衡发展的目的。

一、"产出导向法"的基本定义

POA 是"产出导向法"的简称，全称是 Production-oriented Approach。这种教学理论具有中国特色，提出对象为北京外国语大学中国外语教育研究中心文秋芳带领的 POA 课题组。该理论对我国教育的优良传统做到了很好的继承，也在对国外外语教学理论和实践精华的借鉴中吸收了经验，致力于将我国外语教学中的不良倾向解决，如"重学轻用"或"重用轻学"。有一点需要注意，中高级外语学习者是该方法的主要针对对象。在《欧洲语言共同参考框架》的衡量标准下，A2 或以上水平是对教学对象的最低要求。"产出"（production）与"输出"（output）具有不同的含义。除了包括"输出"所指的说和写以外，"产出"还包括口译和笔译；"产出"对应的英语是 production，同时对产出过程（producing）和产出结果（product）做出强调。POA 的理论体系与实施路径在近十年的思考探索和多轮教学实践的支持下，目前已经基本形成。假设（输入促成、输出驱动、选择性学习）、理念（学用一体说、学习中心说、全人教育说）和以教师为中介的教学流程（促成、驱动、评价）三部分组成了 POA 理论体系。在实践过程中，新的问题不断在 POA 教学中诞生，其中存在一个主要的难题：对比传统教学法，POA 教学对学生的要求是完成频次高、类型多的产出任务，而大容量的大学英语班级有大量学生，给教师带来沉重的课程负担，使充分及时的反馈难以保证。如果只强调对学生产出的要求，而没有将有效、快捷的反馈提供给学生，学生的产出质量会由于产出动机受挫而难以保证。有些教师在近些年来针对这一问题的解决，尝试了"同伴互评""学生自评"和"机器自动评分"等评价方式。站在学生的角度来说，教师的权威对他们来说仍然显得更加可靠和有效，这种观念在中国文化情境下有更鲜明的表现。

二、教学理念

学习中心说、学用一体说、全人教育说分别是 POA 教学理念主要包括的三个部分。在教学实践中，教学理念贯穿始终，它对教师的教学设计以及教学过程做出指导。所以，为了使教学效率得到提高，教师也应该保持教学理念的更新。

（一）学习中心说

教学必须与教学目标相符合，并发挥促使学生有效学习的功能，这是"学习中心说"的主张。同时，教师在 POA 理论的要求下应该在课堂上精心设计如小组讨论、个人展示等多样化活动。这些活动可以增强学生团队意识，培养合作精神，提高自身自信心。"学习中心说"不同于"学生中心说"，后者遵循以学习者为中心的教学原则，虽强调教师在课堂上对学生给予很多自主性，但未明确区分师生角色的差异。在大多数学校，学生几乎没有充分发挥中心作用，很大程度上，学生的角色依旧处于被动地位，他们习惯于教师"满堂灌"的教学方法，他们为了考试取得高分，而忽视了英语学习中自我认识和反思的中心环节。同时大部分学生腼腆，害怕在课堂上说英语，导致学生的中心地位有所偏离。在2018年国际英语教师资格大会上，黛维达·努南（Davida Nunan）针对当今中国英语教学的大背景，深入分析了以学生为中心的教学模式是否完全适应全球化，以及教师如何在课堂上做到以学生为中心。由此可见，对于"学生中心说"，我们应该用批判性的思维和眼光来认识它。

（二）学用一体说

听和读都是POA理论中"学"包括的部分；说、写、口译和笔译则在"用"的范围里。该概念紧密结合输入学习与产出性应用。但是，根据目前中国外语教学的现状，广大教师在文章结构与段落大意的讲解、长难句分析、文本写作技巧赏析上投入了大部分时间和精力。所以，学生在与其他人情境交流时很少有机会对他们所学的知识加以利用。一些问题被许多学生提出，如他们掌握的是"哑巴"英语，几乎没有勇气张口说英语。他们所积累的知识在某种程度上处于惰性状态。我们不能否认此问题：在中国英语教学时间有限和学生数量庞大的大环境下，对于课堂上听说读写译的沉重担子，教师根本无法完全承担。因此，教师应该思考的问题是，如何利用有限的时间，帮助学生有效融合学与用，促使其学习效率与质量不断提高。想要解决此问题，英语教师必须做到英语教学理念的更新，并致力于在教学工作中融合学与用，做到在学中用，在用中学，学用结合，边学边用。

（三）全人教育说

POA理论中有着强调以人为本的"全人教育说"。具体来说，教育应以人为中心，真正致力于学生的全面发展。所以，英语教学必须对学生的逻辑推理能力、自学能力、批判性思维能力等综合能力优先考虑，满足学生的发展需求。为了实现这一目标，教师在英语教学过程中应该做到以下几点。

第一，选择有助于树立学生正确价值观的主题，因为教学内容所涉及的中心思想对学生价值观的形成起着潜移默化的作用。

第二，选择充满正能量的输入材料，话题范围应涉及世界各地，这些话题可以帮助学生开阔视野，陶冶情操。

第三，教师应精心设计并组织多样化的教学活动。教学活动在整个教学过程中起着润滑剂的功效，它可以激发学生的学习兴趣，提高学生课堂参与度，增强学生学习动机。如果教师依旧使用传统英语教学法，课堂氛围会枯燥无味，学生会成为"填鸭式"教学的受害者。所以，教师在教学过程中应专心对教学活动进行构思，给学生带来快乐的学习体验。并且，教师应紧密融合英语学习的人文性与工具性目标，使培养的学生精通专业知识且全面发展。

三、教学假设

教学过程的理论支撑是"教学假设"。它包括输出驱动假设、输入促成假设和选择性学习假设三个部分。三者是紧密相连、相互依存的关系。

（一）输出驱动假设

"输出驱动假设"主张"产出"既驱动着语言学习，也是语言学习的目标。与"输入"相比，"产出"更能使学生学习热情得到激发，帮助学生取得有效学习效果。该假设的核心是对学生在自我认识与反思自己在语言知识或跨文化意识等存在的短板予以强调，从而激发学生的学习欲望，使之为了弥补自身的不足更加努力。所以，教师需要将有针对性的学习材料提供给学生，帮助他们的输出目标能够实现。毋庸置疑的是，早期的一些学者已经在研究输入和输出假设。例如，克拉申（1985）认为输入是第二语言习得的先决条件 ❶。此外，朗（1996）在早期互动假设中，对纠正性反馈有利于学生掌握正确的语言形式做出了补充说明，但他忽略了输出对输入的反作用 ❷。相反，"输出驱动假设"已使常规教学顺序（先输入再输出）得到彻底改变；输出—输入—输出的教学顺序则取而代之。

---

❶ Krashen, S. The Inpu Hypothesis : Issues and Implications[M]. London : Longman, 1985.

❷ Long, M. The role of the linguistic environment in second language acquisition.In W. Rihchie & T. Bhatia（eds.）. Handbook of Second Language Acquisition. Ssan.557[M]. Diego : Academic Press, 1996.

（二）输入促成假设

该假设提出：教师将适当的输入材料提供给学生，会带来更好的学习效果。与此同时，根据 i+1 理论，我们可以发现：在外语教学中，一方面输入材料的难度要略高于语言学习者的现有语言水平能力。同时，它们应该具备可理解性，才能有利于学生学习与运用。因此，教师在课堂教学中应多用规范的语言形式。另一方面，输入材料应具有趣味性和真实性。这就要求教师从学生的生活、情感、家庭、就业等方面出发，提供真实情景，设计特色教学活动，逐步调动学生的学习热情。除此之外，如果学生能将教师所输入的材料充分利用在互动交流中，则输入性材料可发挥出事半功倍的作用。

（三）选择性学习假设

"选择性学习"的含义是，以产出的类型和内容为根据，学生必须深度加工、练习与记忆有选择性地挑出的有意义且有针对性的学习材料。考虑到我国大学英语教学存在的时间有限、学生人数多等特殊情况，教师应对课堂时间做到有效利用，将有针对性的信息与学习材料提供给学生。同时，在课下学习中，首先，教师应鼓励学生自主利用信息技术去接触各种各样的英语学习平台，但学生时间精力有限，因此，教师应有选择性向学生推荐英语学习软件或书籍，如"英文巴士""美国有线电视新闻网""中国日报双语新闻"等。在当今信息"大爆炸"时代里，学生应理性、有辨别性、有目的性地选择适合自己的学习方法与内容。如果学生能抓住重点知识，他们的学习效率会有很大程度的提高。

四、教学过程

在 POA 的理论体系中，教学过程包括驱动、促成、评价三个阶段。同时，教师在这三个阶段中会起到不容忽视的中介作用，譬如：指导、促进者、脚手架等角色。

（一）驱动

在 POA 理论体系中，"驱动"环节与传统外语教学中的"导入"或"热身"环节不同。在传统外语教学中，教师经常借助问题、图片、视频等方法来导入课文，目的是激发学生的学习兴趣，而没有驱动学生产出的欲望。然而，POA 主张的"驱动"具体包括教师呈现交际场景、学生尝试产出、教师说明本单元的教学目标和产出任务这三个具体的教学步骤。具体来说，教师需要为学生提供在认知上具有挑战性、难度系数适中的交际情景。从而让学生在完成产出任务时，会逐渐意识到自己语言能力等方面不足，从而产生了求知欲望。同时，教师应向学生阐明具体的教学目标，即交际目标与语言目标，以及产出任务的类型和内容。否则，课程结束后，学生对所学内容感到迷惑，甚至有的学生感觉一无所获。为了能让学生学有所获，教师应一一向学生展示应掌握的重难点词汇、短语与句型、交际任务等。

（二）促成

"促成"阶段的主要具体步骤共有三个，即教师通过描述产出任务，将产出任务的具体步骤与要求清楚告知学生。然后，学生以产出需要为根据，从输入材料中挑选出深加工、练习和记忆所需要的单词、短语与句型等，学生创造性的自我表达也被鼓励。最后，教师负责指导和检查学生完成的产出任务。如果教师没有对每一个小任务做到及时检查，学生就可能产生不端正的学习态度，进而导致学习效果受到影响。同时，作者认为，在促成阶段，不能忽视教师"脚手架"的角色。更重要的是，在不同情景中，教师应有意识地逐步松开"脚手架"，逐渐转变学生角色，让学生更多地依靠自己。学生在对 POA 教学流程足够熟悉后，可以自己寻找多样全新的输入材料。

（三）评价

在 POA 中，"评价"分为即时评价和延时评价。在正式评价之前，师生应共同学习评价准则，标准必须清晰易懂。之后，学生应按照要求提交产出成果。最后，教师在课堂上有针对性地评与教，以达到促学的目的。由于课堂时间有限和学生人数多，教师会在课下对学生产出成果进行评价，并通过多样化方式及时为学生提供反馈。更为重要的是，评价必须具备可靠性与有效性。在作者学习与教学的过程中，深刻领悟到评价的重要性。因为通过双向或多向评价——师生互评、生生互评、师师互评，教师可以认识到自己教学方面的不足。并且通过聆听和采纳学生以及其他有经验教师的意见，教师可以有针对性地及时调整教学环节、完善教学方法、更新教学理念。

第五章　信息时代的新型教学模式

本章内容主要是信息时代的新型教学模式，主要介绍了"微课"与"慕课"、ESP 教学模式、跨文化教学模式、5E 教学模式等新型高校英语教学模式。

第一节　"微课"与"慕课"

一、微课

高校英语教师在信息化时代拥有海量的资源，教学方式也得到全新变化，其中微课作为一种新型教学方法得到了广泛的应用。美国的教学设计师戴维·彭罗斯（David Penrose）最早提出了微课这一概念，运用构建主义在短时间内来组织教学是这一概念的理论基础，服务于移动学习或在线学习。这些年来，我国高校英语课堂上大量运用微课，实际的运用效果也不错。在线网络教学视频是微课主要的教学形式，为了解决某几个知识点，利用 5 ～ 10 分钟的时间仔细解读。微课具有明确的教学目标、短小精悍的课程和明确清晰的知识点，学生在微课的帮助下可以快速掌握课堂对应的学习要点。微课的实际应用效果良好，并且教师可以在实施微课教学前针对学生的学习状态，使微课的内容有明确的设计目标，保证教学高效实施，学习效果和教学效率得到提升。

与传统的教学方式相比，微课教学存在一定的不同，但是微课的教学内容与传统的教学资源并非截然不同、毫无关联，明显的联系存在于二者之间。只有对传统教学过程中使用的资料与内容进行充分研究，才能提高微课教学的效率，进而提供必要的信息支撑微课教学的进行。

（一）英语微课教学的特点

1.教学目标明确

单词、语法、课文结构、文化背景等都属于高校英语教学的内容。教师对微课进行准备时，既要对学生在学习过程中遇到的困难和困惑做到充分掌握，又要使英语教学的某一个层面得到突出。比如，如果教师在制作微课时选择单词层面，可以以同一个单词在不同语境中的不同的含义为根据，来准备一系列微课，即微课簇，以此对不同语境中同一个单词的用法做出强调，既可以明确教学目标，使学生对单词的用法掌握更加清楚深刻，又可以节省上课时间，在这个过程中使教学效果得到提升。

2.教学内容简明扼要

"微"是微课的一大特点，它具有高度集中性的教学内容，往往只需要5～10分钟的教学时间。在使用微课教学时，一般一次微课应该把高校英语教学的某一知识点或者某一教学层面作为基础，因此短时间的微课教学也使其教学内容简明扼要的特点凸显出来。

3.教学资源丰富

微课的载体一般是视频，可以借助的网络资源数量和内容都极为丰富，并在视频课件的制作和选取中以学生的需要为主，使微课教学具有极大的丰富性与多样性，对于学生对高校英语学习热情的保持、学生学习效果的提升都有重要作用。除此之外，微课以多媒体形式展现，能够帮助学生提升课堂学习的集中性，快速掌握重点知识。

4.教学具有互动共享性

微课的呈现方式是简短的视频，能够有效地吸引学生，受到微课的吸引，大多数学生都能在高校英语课堂教学中做到全面投入，在课堂上与微课教师进行有效互动，以极高的参与度活跃在课堂上。除此之外，具体的微课资源可以在教师与学生之间分享，如此一来，学生就可以在学习时自主利用课余时间，使学习成效进一步提高。通过微课，教师与学生还能实现随时的沟通交流，教师可以对自己的教学节奏及时做出调整，使之配合学生对微课的反应，进而形成更具科学性和有效性的微课教学，保证学生的学习效率和学习质量。

（二）在高校英语教学中实施微课教学的意义

1. 微课有助于学生的自主学习

一些英语基础比较薄弱的学生，会遇到很多学习过程中的问题。在大学英语课堂教学过程中，这些学生往往对教师的节奏感到不适应，只能一知半解地掌握其中的一部分知识点，对相关的学习内容难以有效掌握，无法提高英语学习成绩。对于这类学生的问题，微课崭新的学习模式恰恰可以解决。教师可以以学生的英语实际水平和学习需求为根据，在课前准备过程中，使制定的微课学习内容具有针对性。虽然一节微课只有很少的内容，但也因此能做到对学生需求的高度集中和针对。学生通过仔细学习微课内容，能够在较短的时间内对相关的学习要点进行掌握，使课堂学习的效率和质量得到全面提升。除此以外，学生可以寻求教师的帮助，寻求自己需要的微课教学资源，然后对课余时间充分利用，进行自主学习。在微课资源的帮助下，课后反复学习直至完全掌握在课堂上未能完全掌握的知识点，这样就可以使学生的个性学习需求得到满足。通过自主学习，学生自身的英语水平不断提升，英语学习的信心和热情也能得到增强。学生在微课的帮助下能够形成学习的良性循环，最终使学习效果得到全面提升。

2. 微课有助于教师实施课堂教学

英语教师在传统课堂需要讲解和考核教学重点。这种传统极大地消耗了教师的时间和精力，对学生实施个性辅导也就无以为继。全新的教学方式伴随着微课而出现，学生可以在教师与微课的引导下学习，还可以在剩下的答疑时间内，得到教师有针对性的辅导。教师的微课视频还可以在互联网上上传公开，使教师的课堂教学得到更大范围内的学生、教师、专业人员的观看和点评，在微课平台的帮助下充分与其他教师沟通交流。在这个过程中，教师使自己的教学水平不断提升，通过有效改进措施解决教学中存在的问题。这十分有利于教师教学水平的全面发展和提升。

3. 微课教学有助于提高课堂效率

传统教学方式由于微课的出现得到改变，不再单一枯燥，将一个全新的学习世界展现在学生面前。因为互联网是微课教学的主要依托，这种教学方式可以使学生的学习主动性和积极性得到有效激发。并且微课对一到两个知识点用较短的时间集中讲解，使学生的学习目标更加明确，进而在学习中掌握相应时间内的相关知识。相比于之前的大范围课堂教学，这种学习方法可以使课堂教学效率有效提高，使学生通过有限的时间完成对更多知识的掌握，促进学生不断提高英语成绩。

4. 微课教学有助于促进师生之间的沟通交流

互联网是微课教学的主要途径，在微课的帮助下，学生可以对教师的教学风格充分掌握。在进行微课学习之后，学生可以将自己的学习感受及时反馈给教师，如果对于学习过程中的某些知识点难以完全理解或掌握，也可以向教师反映，还可以针对改进微课提出建议，微课为师生之间提供了一条沟通交流的全新渠道。教师通过学生的学习及反馈可以使教学方式更加有效，促使最佳的教学效果在微课课堂中实现，从而使高校英语课堂的教学效率和教学质量得到整体上的提高。

5. 微课教学有助于提升教师的能力

当今时代，网络资源日益丰富，网络技术条件也更加现代化，要想在教学中充分利用这些优势，使之服务于教学，广大教师需要提高自己的计算机水平，这是每一个教师必须面对的挑战。现在绝大部分教师都是青年，他们拥有较高的计算机网络化应用水平，在他们的带动和帮助下，一些中老年教师也能通过练习使自己的计算机应用水平得到提高，再加上学校组织定期培训指导中老年教师进行计算机网络应用及课件制作，使之能够熟练应用和制作课件。这样，在高水平计算机技术的支持下，学校教师能够更加充分和高效地利用网络资源。这对教师的备课与教学极为有利，与此同时，出于对这种现代网络化教学手段产生的浓厚兴趣，学生学习的积极性与主动性也得到提升，从而提升了整体的教育教学水平。

实施微课能使教师专业水平发展得到促进。

第一，教师备课时要对学情做到充分研究，达到"课堂"无学生，心中有学生的境界。教师保持快慢适当的教学节奏，将教材研究透；因为教学视频是微课的核心组成内容，微课是一个融教学设计、多媒体素材、课件为一体的主题资源包，所以教师要对现代信息技术做到熟练掌握。

第二，具有清楚的教学目标和明晰的教学内容，比如对时政热点、难点突破、课前导入或拓展延伸这些内容，在教学设计中选择其中一点。微课使教师对教材知识内容理解得到进一步加深。

第三，要保持简明扼要、逻辑性强、易于理解的教学语言。在讲解的时候流畅紧凑。为了增强课程的吸引力，教师要考虑到备课过程中的实际状况。

第四，使教师的视野更加开阔。为了避免课堂显得空泛和空洞，教师必须查阅资料来使课堂内容更加充实，课堂知识点得到拓展。这样既丰富了教师的教学资源，又使学生的视野得到拓宽。在这种真实的、具体的、典型案例化的教与学情境中，教师和学生可以实现"隐性知识"，并迁移和提升教学观念、技能，从而迅速提升教师的课堂教学水平，促进教师的专业成长。

第五，在反思中使教师的自我批判能力得到提高。教师在整个教学中，经历的过程是循序渐进、螺旋上升的，例如"研究—实践—反思—再研究—再实践—再反思"。教师也在这个过程中不断提升教学和研究的水平和能力。

（三）高校英语教学中应用微课的教学方法

1. 合理选择录制方式及内容

教学进行的关键是录制微课的视频。教师在具体的录制过程中首先要全面了解学生的学习状况，对学生在学习过程中遇到的困难以及对微课教学的期待有充分了解，然后再进行微课的录制。在视频录制的过程中，教师可以针对微课学习中的重点知识结合具体内容做出一定的解释和强调，使学生养成做好笔记或仔细听讲的好习惯。微课中很少使用图片，但是图片可以为学生呈现出更具有直观性的学习内容，使学生的学习更加直接和主动。为了呈现更好的微课效果，在进行微课教学的具体过程中，最好有机结合视频和图片两种形式。学生在这样的方式下能够接收到丰富多样的、富有吸引力的教学内容，使自身的学习热情被激发，提升学习效率和学习效果，全面提高自己的英语成绩。

2. 把握微课教学的特点

微课有一个特点，即只有通过在课堂上集中教学某个教学重点或者难点，才可以使学生的学习效果与掌握程度得到提升。所以，教师应该十分注重对微课教学中教学重点难点的掌握，播放与各种教学需要相对应的微课教学视频；在微课的帮助下，将英语知识结构体系建立在不同的教学阶段，促进不同的教学目标的实现。教师要发挥组织和引导课堂的作用，保证微课教学过程中的教学主体地位是学生。为了将微课教学的优势与作用发挥出来，教师需借助现代计算机技术和信息技术，使课堂教学方法不断拓展。

3. 设计微课教学环节

教师要精心设计微课教学环节，使微课教学的巨大优势得到全面发挥。在对教学的具体步骤与过程进行设置时，先要有针对性地确立微课学习的教学主题和目标，与学生的学习实际相结合。与此同时，由于微课的持续时间较短，教师在使用微课教学时，需要对要点快速切入，使得学生较快地进入学习状态，这样才能使教学效果得到有效强化。可以采取如切入要点、设置问题、复习知识等多种教学方式。为了使学生对微课学习的热情得到加强，还可以引入学生生活中与教学需要有关的生动情景。无论用何种方法，都需要在话题的引入中将教学主题凸显出来，发挥基础作用推动将来的教学展开和知识传授。教师在应用微课时，应该使自己设计的教学思路尽量清晰，构建一个清晰的英语知识结构，为学生呈现不同教学阶段的不同内容。但是，每个教学环节都作为一个方面存在于整个知识体系之中，学生在学习微课后，会有一个完整的英语知识体系形成于头脑中，使学生对英语学习内容的理解加深，英语成绩最终得到有效提高，大学英语课堂教学的质量与效果也得到保障。

二、慕课

（一）慕课的内涵

慕课是由旧式课程开发发展而来的、基于网络的在线开放课程，其基本理念是分享和开放，为了知识的传播主要提供网络开放课程资源供学习者们使用。慕课平台拥有很多不同国籍和年龄各异的课程学习者，学习者想要参加慕课学习，只需要通过邮箱注册。并且，在网络平台上进行的慕课学习摆脱了时空的限制。

（二）慕课模式的优势

慕课模式应用于大学英语教学必然会引起教学理念与教学方式的改变。也就是说，慕课模式对当前的大学英语教学意义重大。具体而言，慕课模式具有如下几点优势。

1. 提供能力培养平台

我国的大学英语教学虽然一直在不断变革，但是总体上还是将重心放在基础知识教学上。这种教学模式必然阻碍学生将英语教学与专业结合起来，也就很难实现自己综合能力的提升。

受这一教学理念和教学背景的影响，很多学生忽视了英语的学习，并没有意识到英语这一工具的作用。慕课的出现能够为学生提供最新的发展评估和专业动向，有助于激发学生的学习动机和兴趣，促使学生提升自己的专业能力，解决英语教学与自己专业相结合的问题。

2. 平衡学生水平

由于教学水平在各地存在差异，来自不同地域的高校学生，往往有着不同的学习能力和学习基础。在统一的大班英语课堂上，教师很难实行一对一教学，只能从宏观上对学生进行指导。在这样的教育环境下，很多学生已经追赶不上教学的进度，或者不满足于当前的教学水平。

慕课模式通过开放性的网络平台，给学生提供了有针对性地教学活动，便于缓解教与学的矛盾。同时，该模式不受时空限制，既有利于促进基础好的学生能力的发展，也有利于基础差的学生知识的巩固。

3. 形成语言使用环境

对于我国学生而言，英语是第二语言，因此本身缺乏语言学习的环境，导致学生在课堂上学到的知识很难在现实中应用。在很大程度上，这降低了学生学习英语的成就感，也对日后学生的语言能力提升十分不利。

慕课的出现能够为学生创设良好的语言学习环境，即学生可以接触到真实的语言，甚至可以与世界上其他国家的人们进行交流，这都有助于提升学生自身的听说能力。

4.扩大学生知识储备

我国的大学英语教学主要是围绕课堂教学展开的，面对短暂的教学时间、繁重的课业压力，课堂教学很难给学生带来充足的知识。相比之下，慕课教学模式以网络为平台，向学生提供丰富的知识，方便学生进行提取，不仅扩大了学生的知识储备，还提升了学生的学习效率和兴趣。

（三）慕课对英语教学的作用

1.促进教学理念的转变

慕课的教学手段，具有信息化的特性，使故步自封、墨守成规的传统英语教学理念受到了很大冲击，英语教学理念也得到了转变。很多学校的发展步伐在慕课的影响下，都向着现代化教育的方向迈进，不再束缚于传统教育观念，对提升学生的英语应用能力和培养学生英语的兴趣予以更多重视，更加深入地研究和开发慕课课程资源。同时，学生被动学习的状态也得到慕课的改变，开始主动学习英语知识。慕课也能够使教师与学生的沟通得到加强，促进教师与学生合作关系的构建。

2.改革教学模式

高校在慕课背景下，不仅要积极建设慕课平台，还要使英语教学模式在慕课平台的影响下得到改革，促使教学质量提高。从教学模式方面来讲，慕课在改革教学模式上坚持以人为本的思路，针对建构流程和程序模式进行积极的选择和接纳，使英语教学模式不再维持原本的传统和单一的状态，也推动了英语课堂设计及英语教学评价的改变。但是，慕课平台也并非能够处理所有问题，英语教学应该在慕课模式的帮助下对混合教学模式展开积极探索，引导学生养成自主学习的习惯，使学生的语言能力、创新能力及自主学习能力在慕课的培养下不断提升。除此之外，慕课平台对学生的自主学习十分强调，对学生提出了自主收集材料以探索和解决教师下发的英语问题的要求，鼓励学生在解决问题时追求创新，最终使师生角色转变，英语教学模式的改革也得到促进。

3. 丰富学习资源

慕课平台能够将丰富的学习资源提供给学生，原因是，多种多样的英语学习资源存在于慕课平台中，学生可以在其中获得英语知识学习的重要来源，如视频教材、文字教材、录音教材等。学生可以在慕课平台上观看视频增进对英语文化的了解，加深对英语国家的语言表达习惯、人际交往习惯等的感受。同时，视频教材和录音教材有助于培养和提高学生的听力能力和口语表达能力。但是，英语教师和学生不能盲目地选择学习资源，选择慕课资源时，要尽量使其与英语教学内容相关。

（四）慕课下英语教学模式存在的问题

1. 忽视因材施教

虽然传统英语教学采用的教学模式为一对多，但是教师可以在师生互动的过程中对学生的学习状况及知识掌握程度做出一定的了解，通过自己的帮助使学生的薄弱之处得到弥补，做到因材施教。而拥有较大规模的慕课则忽视了因材施教的教育原则，学习者的国度、年龄、受教育水平、语言、英语水平等一般不在慕课课程制作者的考虑范围内，他们也不会对教学内容和教学环节做出改变，使之满足学习者的需求。并且，行动主义学习理论是我国慕课坚持的理论，主要的学习方式为非实时讨论课程视频，慕课教学针对性不足，缺乏对学习者心理需求和学习动机的了解，一味地深度挖掘学生的知识盲点，对学生的慕课学习质量造成严重影响。

2. 不利于深度学习

英语教学应注重对学生理性思维的培养，增进学生对西方生活习惯和西方文明的了解，使学生学会在思考问题时运用西方思维，对西方的核心价值及西方文化做出科学评价，深入了解具有差异性的中西文化，进而使自己的跨文化交际能力得到培养。但是，在我国英语教学方面，英语教学并没有得到根本上的改变。

虽然慕课设置了更多的互动环节，但授课的方式仍以单向传输为主，不利于培养学生的自主学习能力。而且，慕课制作者对学习者的学习动机和学习目标不够关注，存在于慕课课程中的问题，如交互水平较低、评价模式固化等，对学生深度学习英语课程造成了一些阻碍。

3. 情感教育缺失

英语教学在现阶段的重要趋势就是慕课教学，学生会在长期分离于教育者的状态下学习英语，对师生之间的交流与学生之间的交流造成阻碍，导致情感缺失的问题。但是，学生的智力发育会因为情感缺失受到影响，素质教育的发展也会受到阻碍。虽然电子邮件、社区、论坛等网络平台可以帮助学生和教师在慕课模式下交流，但是，网络化的互动会逐渐发展出抽象化、间接化的师生关系，教师对学生遇到的英语方面的困难很难及时提供帮助。同时，慕课拥有很强的网络依赖性，学生在网络学习环境中受到限制，师生之间缺少情感沟通和交流，进而导致情感教育在慕课英语教学中的缺失。

4. 评价机制不完善

现阶段的慕课模式还并不完善，还需要继续完善慕课模式下的英语教学的评价机制。具体来说，慕课下英语教学模式还缺少健全的评价依据，慕课平台评价英语教学的主要依据是学生的测试成绩、作业、习题完成状况，对学生语言应用能力、英语口语能力、肢体表达能力、应变能力、情感态度等因素的评价有所忽视。同时，慕课下的英语教学缺乏明确的评价标准，慕课平台的教学评价标准也不够统一和具体，不同学校在进行慕课评价时以自己的教学经验为依据，对慕课教学评价的科学性造成了严重影响。

（五）慕课下英语教学模式的构建策略

1. 转变教育理念

在慕课的影响下，学校的教育理念应该得到转变，英语教学应该将以教师为中心向着以学生的英语兴趣为中心的方向开展。并且，教师在慕课背景下必须提升英语知识的专业性和多学科知识的广泛性，加快角色转变的速度。与此同时，英语教师应当不断培养自身的教学设计能力与教学实施能力，将最新的英语知识和丰富的英语资源在慕课平台的帮助下提供给学生，鼓励学生在自主学习中对这些慕课平台中的英语资源合理利用。除此之外，英语教师应改变英语理论教学模式，坚持现代化的教育理念，重视培养学生的应用能力，对学生的英语口语锻炼与听力训练予以更多强调，进而使学生的英语综合能力得到培养。

2. 探索多样化的教学模式

为了解决存在于慕课教学中的缺陷，英语教学应该通过积极探索使教学模式多样化发展，使慕课平台的利用效率得以提高。为此，英语教师可以将翻转课堂教学开展在慕课教学中，要求学生在课下的自主学习中对慕课平台中的英语资源多加利用，并把重点问题放在英语课堂上讨论，通过自主学习使英语教学质量得到提升。同时，英语教师可以结合慕课与课堂研讨，让学生对慕课学习问题做出汇总，并在课堂上研究讨论慕课中的学习问题，使学生的英语认知得到深化，英语学习效果得到优化。

3. 加大宣传力度

目前，有些教师和学生缺乏对慕课的了解，没有积极参与到慕课教学和慕课学习中。为了解决这一问题，学校应加大力度宣传慕课，促使教师和学生对慕课的了解得到全面加强。为此，学校应对学生学习和了解慕课给予鼓励，要求学生注册慕课平台，为学生浏览慕课平台中的英语资源发挥出引导作用。同时，英语教师可以在英语课堂之中引入慕课，使学生对慕课的接触和了解更加深入。除此之外，学校可以开设介绍与宣传慕课的讲座，在具体介绍慕课时开设相关微信、微博等形式，通过多种方式使得教师和学生对慕课更加重视。

4. 加强教师建设

英语教师的支持是在英语教学模式下构建慕课的关键，为此，学校应重视建设英语教师队伍，使英语教师的慕课教学能力不断提高。因此，学校应开展信息化培训以提升英语教师的信息化水平，在英语教师对网络技术的学习中发挥引导作用，使英语教师在慕课教学中能够运用网络信息技术。并且，学校应组织慕课教学专项培训，引导英语教师参加，使他们对慕课教学的功能和意义有更多了解，对慕课教学的方法做到更好的掌握，最终在英语教学中落实慕课教学。除此之外，学校应在培训中使英语教师制作慕课课程的能力得到加强，对英语教师开展慕课教学提供鼓励和支持。

5. 完善教学评价

学校应对慕课下的英语教学评价积极完善。具体来说，学校应该在英语教学评价体系中纳入学生的慕课课程进度和慕课结业证书，科学评价学生的慕课学习过程，在评价中提高针对学生慕课学习过程中课后检测、演示操作、作业练习等内容的评价比重，降低期末考试和期中测评等内容的评价比重。因此，慕课背景下的英语教学的评价方式应结合线上评价与线下评价，使教学评价的透明度和诚信度得到增强，进而使慕课英语教学评价的客观性得到提高。

6. 完善投入机制

为了适应慕课教学背景的需要，我国应对慕课在英语教学中的应用予以更多重视，使慕课投入制度得到更多完善。所以，我国应该对慕课资金的投入方式积极改革，使慕课的单向经费援助方式得到改变，通过专项业绩补贴的设置，在资金上支持慕课教学。同时，如果有单位在网络教育资源的建设中取得了良好的社会效益，我国应当进行资金奖励和资金补贴，促进网络资源在统一的标准下实现共享。除此之外，我国教育部门应加强支持和引导慕课教学，对慕课教学的发展方向做出指示，使慕课教学环境得到优化，促进英语教学模式在慕课背景下的构建。

在互联网背景下，慕课属于一种新型教学方法，因为我国各高校缺乏慕课教学的经验，忽视因材施教、情感教育缺失、评价机制不完善等问题仍然存在于慕课下的英语教学中，对英语教学效果产生严重影响，因此，积极探索慕课下的英语教学模式的构建途径具有重要的现实意义。

第二节　ESP 教学模式

在全球化的背景下，英语作为国际主要通用语言，需要满足各类人员的需要。在此条件下，专门用途英语（简称 ESP）诞生了，这种英语类型针对特定行业和特定内容，专业性更强，拥有较高的实用价值，这与我国高校人才培养的目标具有一致性，因此在 ESP 框架结构下，对高校大学英语教学提出了更高的要求。高校传统的大学英语教学模式很难满足高素质人才培养的需要，教学模式的改革成为必然的趋势，并且改革需要以新的思路为指导，以新的模式为创新，将 ESP 全面融入英语教学中来，突出专业性英语人才的培养目标。

一、ESP 的内涵

ESP 即"特殊用途英语"或"专门用途英语"的简称，旅游英语、外贸英语、财经英语、商务英语、工程英语等都属于它的范围。20 世纪 60 年代，英美等国的应用语言学者提出了 ESP 教学理论。那个时候，在迅猛发展的全球经济下，科学技术得到了日新月异的发展，全球范围内金融保险、国际贸易、国际旅游、邮电通信、科技交流等领域的交往日益频繁，英语也作为一种世界性的语言，加强了国际语言的地位。但为了满足学习者不同的学习目的，就要求传统的概念得到改革，新的概念得到确立，教学内容和教学方法也得到改变和创新，即在教学中把英语当作交际工具，使学生在不同的实际环境中运用英语的能力得到增强。而人们在语言学领域的革命及教育心理学的发展的影响下，开始对学习者个人的需求和兴趣予以强调，认为学习效果会受到学习态度和学习动机的影响，所以传统的教学的重心应该转变，转变的过程为："教师中心"转向"学生中心"，并最终转向"学习中心"，这些领域的研究成果都作为理论基础促进了 ESP 的形成。ESP 的诞生是为了使各类人员学习英语的需要得到满足，之后又因为学英语热的持续升温而迅速发展。

二、专门用途英语的特点

通过对专门用途英语概念的阐述以及分类，我们可以总结出专门用途英语的几个特点。

第一，专门用途英语是一种教学途径，不是特殊的语言种类，也不是一种产品。它与教学方法、教学技术有本质上的区别，专门用途英语通常是指对语言学习的研究和语言本质。与此同时，在教学教材、教学内容、教学方法和教学技术等的制订中满足特定学习者群体的需求。专门用途英语的语言无论是在形式上还是在种类上，教学方法并没有与其他形式截然不同，各个领域之间的语言差异不能否定语言的根本共性。

第二，专门用途英语教学是英语语言教学的一个分支学科，并不是有别于常规语言教学的特殊存在，相反的，专门用途英语教学恰恰正是英语语言教学的分支之一。专门用途英语通常紧密联系于特定学科领域或者职业，具有较强的针对性和实用性，设计目的是满足学习者的学科需求或者职业需求。

第三，专门用途英语教学在原则和教学方式上与一般用途英语教学基本统一，并没有独特的教学方法。专门用途英语与普通英语教学的不同之处就是根据学习者学习需求的不同，转换教学方法和教学内容。由此见得，开展专门用途英语教学活动的重要部分是分析学习者的需求。

第四，专门用途英语的语言范围是特定的。部分学者曾统计得出专门用途英语与常规英语有着超过半数的重叠词汇，而且常规词汇通过构词法派生出来很多科技词汇，专门用途英语与常规英语基本保持着一致的语法结构。因此，专门用途英语与常规英语是紧密相连的，专门用途英语不能作为独立于英语语言之外的专门语言，它只是一个特定的语言范围。

第五，专门用途英语是一种多元化的教学理念。由于学习者需求的不同，专门用途英语的教学内容、教学方法也呈现出多样性。由于专门用途英语与特定的学科领域、职业领域具有很大的相关性，因此要求专门用途英语的语言知识要涉及大量的专业知识，学习者也表现出不同特点的需求。专门用途英语教学在不同国家和不同地区有着不同的政策支持、教学重点，这也会导致多元化的趋势出现在专门用途英语的教学内容、教学方法中。

三、ESP 教学与 EGP 教学

ESP 教学与 EGP 教学（大学英语教学）是英语教学的重要组成部分。大学英语教学改革的新方向就是 ESP 教学，下面对二者之间的联系进行总结与分析。

（一）ESP 教学与 EGP 教学的关系

EGP 教学主要的关注点为英语基础知识的教学，强调学生对英语基本语言结构的掌握，并在这一目标的基础上培养学生的听、说、读、写、译五项技能。在具体 EGP 教学法的训练下，学生能够阅读一些难度适中的文学作品，能够进行简单的对话，能够通过普通语言水平测试。

但是，EGP 的教学难以满足社会对英语人才的需求。当今社会急需的人才不仅要具备良好的语言功底，还要具备在某一特定职业领域熟练运用语言进行交际的能力。于是，在顺应社会的发展需求之下，大学英语教学衍生出了专门用途英语学科。

ESP 教学在某种程度上来讲是普通大学英语教学的扩展和延续，是相对于大学英语教学而提出的。在整个英语教学体系中，ESP 与 EGP 教学实际上是为了实现共同的教学目标而构建的两个层面。两者之间存在着千丝万缕的关联。下面我们就 ESP 与 EGP 之间的关系进行详细探讨。

1. EGP 与 ESP 是教学的统一体

专门用途英语具有专门性的特点，与某种特定职业、学科、目的相关，但是仍旧属于英语教学的分支之一。

虽然不同专业的 ESP 教学需要教授不同的内容，但是某些语法项目、词语的意义和出现的频率以及句法结构等方面是它们仅有的区别，它们所属的语言体系仍然相同。站在这个角度来看，专门用途英语与用英语来讲授专业课程是完全不同的两个概念。后者从本质上来看依然属于专业课程，讲授的重点依然是与专业相关的知识和技能，只不过讲授的手段和媒介是英语；而 EGP 从根本上来讲依然属于语言课程，教学的重点是与某一专业相关的英语语言知识和技能，通过系统的教学，帮助学生了解和掌握该专业领域所使用英语的语言特点和规律。

如果说语言的通用知识和技能，即语言共核是大学英语讲授的主要内容，那么对大学英语进行扩展和延伸后形成的语言共核的变体就是专门用途英语。但是大学英语属于英语教学中的基础阶段，而专门用途英语教学是在此基础之上的更高级阶段，二者分属两个不同的阶段。从这一点可以看出，EGP 与 ESP 教学在英语教学中实际上是连续统一的。

2. EGP 教学是 ESP 教学的前提

大学英语课程作为一门主要课程设置在很多高校中。而相应的专业英语课程则在之后开设给已经具备了一定语言功底的学生。这种课程设置是有一定的合理性的，符合英语教学的特点与学生语言学习的规律。

虽然学生在进入大学之前，在高中已经掌握了一定的词汇量和语法知识，也能够运用一些语言技能进行简单的交际，但是高中学到的语言知识毕竟有限，那些只是基础英语知识中的基础。此外，高中讲解的英语侧重学生的阅读和写作能力，而对于语言最重要的听说能力的培养却是相当匮乏。而专门用途英语要求学生有较高的语言能力，学生对听、说、读、写、译五项基本语言技能都要做到很好的掌握，还要掌握丰富的词汇量和较强的语言应用能力，这些均属于高层次英语水平要求。只有当学生具备了扎实的语言功底，才能在此基础上结合所学英语知识与专业课程，学习专门用途英语学科。从这一点可以看到，学生具备良好的英语水平是开展专门用途英语教学的前提。那么，EGP 教学阶段负责培养学生的基础语言能力，因此，我们说专门用途英语教学以大学英语为必要前提，脱离了大学英语，ESP 教学无法独自开展。

除了这一点，专门用途英语主要致力于提高学生的语言应用能力与交际能力，从而能够适应日后复杂的语言交际环境。这种以语言技能为基础的课程也是在基础语言学习的基础上展开的。综上所述，EGP 教学是 ESP 教学的重要前提。

3. ESP 教学扩展和 EGP 教学提升

（1）ESP 的教学形式更为完善

ESP 教学形式多样，其通过以学生为中心展开英语教学工作，能够让学生更加深入地了解语言学习与专业学习的知识。如图 5-2-1 和图 5-2-2 所示，对专门用途英语的三分法与二分法展开分析。

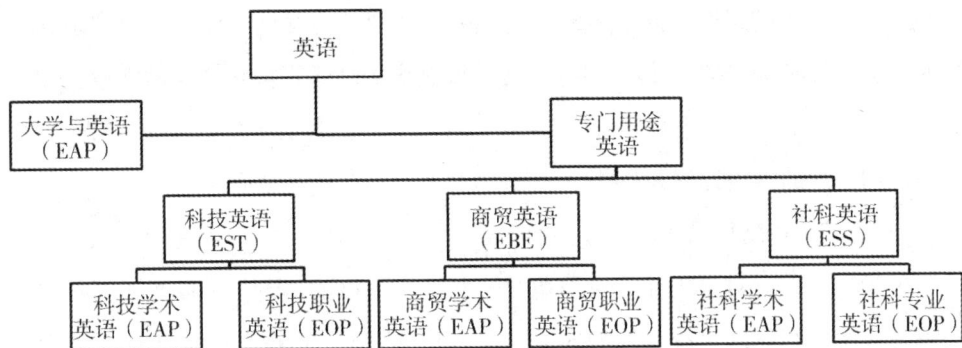

图 5-2-1　专门用途英语三分法

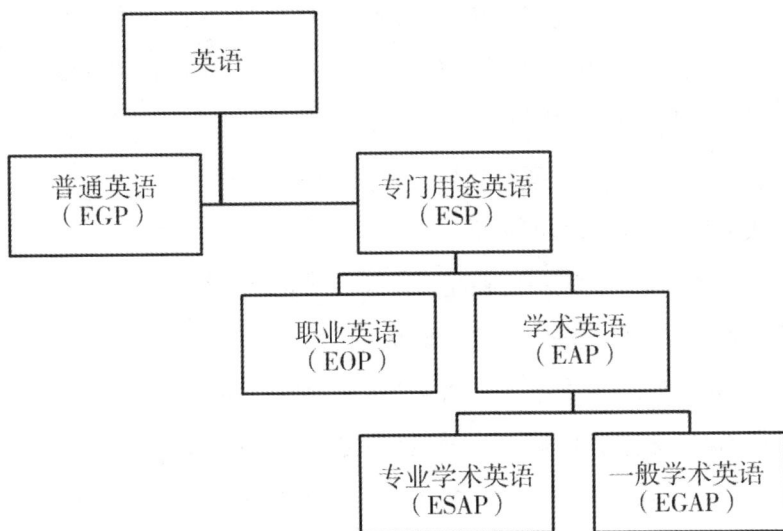

图 5-2-2　专门用途英语二分法

通过对上图进行总结分析可以看出，ESP 教学的形式更加丰富。

（2）ESP 更能反映个体需要

《大学英语教学大纲》中对大学英语的教学目标做出了规定：为了与社会发展、经济建设和国际交流的需要相适应，要使学生拥有更扎实的语言基础，自主学习能力得到增强，综合文化素养得到提高，对语言学习方法做到更好的掌握，提升以听说能力为主的英语综合应用能力，在口头和书面的信息交流中能更有效地利用英语。

综上可知，EGP 教学重视对学生基础语言知识的教学，同时也更加重视对学生英语综合能力的提升，同时，使学生能够"适应社会发展、经济建设和国际交流的需要"是 EGP 教学的最终目标。可以说这样的教学目标是符合学生自身需求的，"用英语"是学生学习英语最主要的目的，即在日后的学习、工作和社会交往中运用所学的英语知识和技能。

但是对 EGP 教学现状进行分析却发现大学英语教学对学生的基础知识与语言技能过于关注，而对学生语言应用能力的发展较为忽视，同时这种教学模式培养出来的学生并不能满足社会发展的需求。因此可以说，EGP 教学并不能反映学习者的实际需要。

相比之下，专业用途英语便是顺应学生个体需求的英语教学，它将英语学习与专业技能相结合，让学生学到的是可以应用于实际工作和社会交际中的英语。对于 ESP 教学，保罗提出两个最基本的判断：

①"特定目标为导向"是 ESP 英语教学的必须要求。

②需求分析是 ESP 教学的必要基础。

这里的需求包括的内容一方面指学生今后将要遇到的交际情境，另一方面指学生知识摄取的先后顺序和学习方法。专门用途英语与大学英语的区别不在于需求的存在，而在于对需求的意识，如果学习者和老师都意识到需求的存在，那将会对课程的内容有积极的影响，而且这种潜在影响是可以利用的。

从以上两个判断标准中，我们也可以看出专门用途英语对于学生个体需求的重视。从这个角度出发，专门用途英语是大学英语的扩展和提升。

（3）ESP 更加重视应用技能

语言是人类进行交际的工具。学生语言技能的培养，应该使学生在不同的语言情境中能够有适当的反应。EGP 教学主要是对学生语言能力的培养，而 ESP 教学注重培养的是学生的语言应用能力，即交际能力。

换句话说，大学英语（EGP）教学的主要内容是语言教学、语言讲解和技能训练，以对学习者的听、说、读、写、译等基本功进行训练为主，在训练中使他们对基础的通用词汇做到一定的掌握；通过对学生语言普遍用法和基础语言技能的训练，帮助学生更好地认识与掌握英语语言的普遍性，使学生的英语基础更加扎实；教学中并没有体现和重视语言的实用性和应用性。但是，英语教学的重点在专门用途英语中从"知识"转移到了"应用"，教学以语言的实用性出发，将它作为核心，培养的英语应用能力与某职业领域相适应，对学生在英语学习的基础阶段面对专门领域的英语知识和技能问题没有掌握或尚未做到完全掌握的问题予以解决，使它能够以英语为媒介在某专业学科交流或实际工作环境中沟通。形成的教学模式针对性强、以实用能力训练为中心，具有"用中学，学中用，学用统一"的基本特点。

综合上面的结论，ESP 教学和 EGP 教学是一个有机整体，二者具有相互依存、彼此互补的关系，专门用途英语以大学英语为基础，大学英语扩展和提升后便出现了专门用途英语。要想让培养的人才符合社会需求，就要扩展 EGP 教学到 ESP 教学，要想顺利开展 ESP 教学，也必须落实好 EGP 教学，两者是相互依存的。在贯穿 EDP 教学和 ESP 教学时，我们应充分考虑英语教学的教学规律，并及时把握学生的学习状况，做到循序渐进、统筹安排，使两种不同的英语教学在方式和内容上做到合理地衔接，从而实现大学英语教学向更科学、更有效、更协调的方向持续发展。

（二）统整 ESP 教学与 EGP 教学的意义

统整 EGP 教学与 ESP 教学成为当今英语教学改革的重要方向，指的是将英语教学课程与学生的兴趣、经验、社会需要紧密结合，从而形成整体的课程设计方式。下面首先对统整 EGP 教学与 ESP 教学的意义进行总结。

1. 社会价值

国际交流与合作随着不断发展的科学技术日益频繁，社会越来越需要复合型人才，复合型人才的定义是，既能对英语做到熟练掌握和应用，专业技能也较为突出的一专多能型人才。如果学生缺乏对于专业领域知识的了解，只是对英语语言技能有一定掌握的话，往往不太容易做到学以致用，那么语言的实用能力便得不到发挥，因而也失去了语言的社会价值，这也正是复合型人才越来越受到用人单位青睐的原因所在。

复合型人才不仅具有广泛的知识面，通常在熟练掌握外语知识的基础上，了解某些学科的相关知识，如商贸、医学、法律、科技、新闻、外交、旅游等。那么英语教学在社会对于这种人才的需求下，急需得到改革，结合大学英语教学与专门用途英语教学是改革的方向，如此一来，才能在新型的教学模式下培养出复合型的社会人才。

综上所述，课程统整是时代发展的需要，同时也是英语教学改革的需要。相关教学设计者应该将传统知识的教学转移到学生语言应用能力的培养上，同时将英语教学和不同的专业课程相结合，开设不同的 ESP 课程，从而使学生建构自身的英语知识体系。

2. 学科价值

当前，对大学英语教学的改革正在全面进行，教学模式、教学性质、课程设置、教学要求、教学管理和教学评估等多个方面都是改革的内容。培养学生的综合语言应用能力是改革的目标，而将大学 EGP 与 ESP 课程统一整合正是顺应教学改革的要求，在三个层次上满足英语教学的不同需求，切实做到因材施教。

在课程设置方面，统一整合后的大学英语的主要课程包括综合英语类、语言技能类、专业英语类、语言文化类和语言应用类等必修课程，并在此基础上开设一些选修课起到补充、辅导的作用，学生在选择时可以根据自身情况，从而保证充分训练和提高不同层次学生的英语应用能力。

在教学手段方面，统一整合后的课程基本采用信息化的教学模式，以计算机和网络等多媒体形式作为主要教学工具。一改传统教学中"教师讲，学生听"的教学模式，形成新型教学模式，即"以学生为主体，教师为主导"。同时，这种模式也提供了大量学习资源给学生，学生在选择适合的材料学习时可以以自己的需求为根据，对学生形成个性化学习方法和提高自主学习能力更有利。

在教学评估方面，需要综合形成性评估与综合性评估的方式，对相关教学信息进行反馈与评估，总结学生在英语学习中遇到的问题，并思考相应的解决方式，从而保证英语教学工作向着高效、有序的方向发展。

在教学管理方面，不光要对教学过程的监督、检查和指导做到加强，还要把 ESP 课程师资队伍的建设当作重点工作，因为，师资建设的好坏将直接决定着大学 EGP 与 ESP 课程统整能否顺利地开展。

因此，将大学英语课程与专门用途英语课程进行统一整合，完全顺应大学英语教学改革的精神，能够在很大程度上促进英语教学工作的建设和发展，并最终实现其学科价值。

3. 个体价值

传统的英语教学模式只注重学生基础知识的培养，使学生一直处于"学英语"的阶段，但"学英语"的最终目的是"用英语"，培养学生实际语言的应用能力才是英语教学的重点所在。一味地教授语言知识实际上忽略了学生自身的学习兴趣和学习需求，使学生学到的语言知识和技能脱离现实生活和工作需求。如果无法发挥语言的交际功能，就失去了自身的使用价值，那么学来又有多大意义呢？

英语教学的展开需要以学生为中心，重视学生具体的语言学习需求。从大体上说，英语学习的目的主要有三个：一是出于兴趣所在；二是为了通过等级考试，考取英语证书；三是为了符合日后工作的需求。

学生学习英语通常是为了考证和为了日后找工作。但是，英语人才在当今社会中，已经具有多元化、专业化的需求趋势，换言之，社会需要学生具备的语言能力是能够在工作和交往中熟练运用出来的语言能力。但现实情况是，在传统的"重基础轻实用"教学模式下培养出来的学生往往达不到这种要求。与之相反，大学 EGP 与 ESP 课程统整模式对学生的个体需求实现了最大程度上的满足。一方面，该教学模式重视学生学习 EGP 中的基础知识，使学生的语言基础更扎实，英语听、说、读、写、译能力得到锻炼；另一方面，让学生所掌握的语言知识与专业技能知识通过 ESP 课程的学习，实现有机结合。

同时，大学 EGP 与 ESP 课程统整模式明确了学生的学习目标，符合学生的学习动机，迎合了学生的学习兴趣，从而达到良好的学习效果。由此我们可以看出，EGP 与 ESP 课程统整模式真正意义上实现了学生的个体价值。

四、基于专门用途英语理论的大学英语教学模式改革实践

当前，高校办学模式随着社会经济的发展而不断发展，为了最大程度地优化英语教学，高校英语教学也必须与时代发展保持一致的步伐，及时发现英语教学

中存在的种种问题，并通过实际英语教学活动一步步加以解决。高校英语教学为企业和岗位服务，让学生能够将英语应用于今后职业岗位涉外场合中的基本的实际操作或语言交际中，能够使专业技能通过外语技能更好地发挥，将学有所用、学以致用的宗旨真正体现出来。作为一个学习英语的方法体系，专门用途英语教学方法实际上结合了专业与英语，可以用它来指导我国高校英语构建新的教学体系，使高校英语教学得到改进。以学生的职业类别、专业方向以及岗位中英语的使用情况为根据，有针对性地培养学生英语听、说、读、写、译等诸项能力。侧重实用性，将复杂的语言理论知识摒弃，增强学生外语交际能力培养的专业性。以培养目标和业务范围为根据，协调发展并实现知识、能力和素质的共同提高。我们谈到的高校英语教学改革以专门用途英语理论为基础，针对的主要对象是前文提到的高校英语教学存在的问题，论述解决或改善这些问题的方法，高校英语教材、教学目标、课堂教学、实训、师资提高、考核方式等是其主要内容。主要进行高校英语教学的以下几项改革。

（一）以"需求分析"为基础确定高校英语教学目标

ESP 的需求分析理论以学习为中心，开设和实施高校英语课程的教学，必须把分析目标需求和学习需求放在首位，对高校英语教学的目标、内容进行重点确认，帮助学生准备目标情境中的职业交流。针对目标情境问题是目标情境需求的本质，主要从以下三个方面入手，并对学习过程中不同学习者对目标情境的态度进行挖掘。

1.目标情境中必需的知识与技能

它是学生将来在目标情境活动中使用英语的客观需求，换言之，学生要想成功地将语言应用在目标情境中，这些知识和技能就是必要的。例如，商务英语专业的学生要想有效地工作于商务领域，必须对英语语言基础知识做到熟练掌握，将英语运用于商务洽谈、书写商务函电与合同等工作中，并能熟练掌握和运用相关的词汇以及在这种情境中常用的语体、语篇结构等，提升电子制单、因特网上交易的能力，能够参与国际商务谈判，并在涉外商务管理与服务、市场营销、对外贸易等工作中运用英语。

2. 学习者在目标情境中用语言工作存在的差距

指相比于目标情境，考虑学习者当前对哪些语言知识和技能做到了良好掌握，对哪些知识与技能还缺乏了解，并在之后的学习中以这些缺乏的知识作为学习的主要内容。在设计课程时以学生的原有水平和课程对学生的要求作为根据，可以使得学习材料的难易程度适合学生，开发出的教材也更适合学生。

3. 学习者自身的需要

也不能忽视学习者对自身需求的看法，课程设计中的一个重要部分就是学习者的学习经历、学习目的、对英语的态度和文化信息等主观因素。在学习的过程中，学习者自身和目标情境之间有时会产生冲突，还有某些时候学生的需要超过了目标情境的需要。以学生为中心是课程设计自始至终都需要注意和保持的原则，要提升对学习者自身需要的重视程度，使学习者的学习动机不断加强。

学生的需要是高校英语教学必须考虑的重点，教学中要摸清学生的知识水平和语言基础，对学生的兴趣爱好和愿望做到充分了解。并且还要通过对市场需要的了解，提前预设学习者将来在目标岗位必然遇到的交际情景、岗位环境并为此培养学习者应具备的知识与技能。实用为主、够用为度的原则是高校英语的教学目标。加强对学生基础薄弱的现状的重视，将必要的语言基础知识贯穿在教学中，具体化培养目标。将基本目标设为岗位所需英语，对学生在涉外相关工作中的英语综合技能进行培养，如听、说、读、写、译等，提升学生完成目标岗位工作时使用英语的能力。

（二）针对学生专业选择和职业岗位能力要求编写高校英语教材

教材直接关系到教育理念、教学原则、教学方法、学习理论和实践，反映了各种理论、方法和教学工具。它也是教与学的重要资源和支持，定义了教与学的基本方法，是教学的关键。随着现代科学技术的飞速发展，学生拥有了多样化的教材需求，专业教育教材的形式也变得丰富多彩。为满足学生多样化的需求，使学生的学习热情得到进一步激发，英语教育教材必须根据学生英语水平的岗位要求，加强听说教学训练，提高它作为交际工具的实用性。同时，要协调基础英语教材与专业英语教材的内容对应，强调"听、说、读、写、译"五项主要英语技能和专业英语技能的培养，提高实用性。并且还可以根据实际情况自行开发教材。

英语与专业相结合，是指将学生所学的词汇、语法、听说训练、专业等英语知识相结合，以英语为语言工具为专业服务。高校英语教材应以实用为原则，为学生提供真正反映工作需要的英语知识，为学生进入职场做好准备。

1. 按学生专业选择英语教材

作为学习输入信息的主要来源，教科书对 ESP 教学的成功起着至关重要的作用。基于"需求分析"的教材选择可以使 ESP 教材选择的随机性和盲目性减少。如果教材符合需求，我们还要进一步分析其内容的"真实性"，判断它在目标上是否符合真实的交流需求，在选材上是否有真实的交流内容，在练习上是否提供真实的交流环境和真实的沟通任务。以需求分析理论和真实性原则为根据，高校英语必须对各院系不同的教学培养目标和教学要求做到服从，重点关注学生在实际工作中会遇到的商务和涉外英语相关活动。教材选择要与学生的专业相结合，根据不同专业特点和岗位特点，重点选择每个岗位的教学内容。比如旅游专业的毕业生，经常会使用口语交际、景点介绍等，以及模具、电气专业的通用产品说明书、技术指南、维修指南等，让学生掌握就业时会用到的必要的英语知识和英语技能。有学者提倡："把学习的对象和课题与推动一个有目的的活动联系起来，乃是教育上真正的兴趣理论的最重要定论。"选择高校英语教材时以专业为依据，可以避免浪费教学资源，提高教学质量。保证"实践第一"教学原则应用的有效性。同时，按专业选择教材充分说明个性得到了高校公共英语教学的重视和关注，让学生感受到学习英语对于日后工作的重要性，激发学生学习英语的兴趣。

2. 依据职业岗位能力的要求，设立课程模块选择教材

专业导向要求的重点是学生的英语应用能力。大学英语教师应对高校人才培养上的职业性有充分认识，以社会对所教专业学生的英语运用能力的实际需求为根据，有选择地使用英语教材，使学生的英语职业技能得到加强。例如，文秘专业学生在未来的职业岗位上，主要通过电话、互联网和商务会谈等方式直接与客户进行口语交流。因此，有必要注重英语听说训练。模具专业的学生接触到的书

面文本较多，如产品手册、技术指导、维修手册等，因此应重点培养学生阅读和翻译商务资料的技能。

更新与融合课程内容以及开发新课程时，必须与社会经济和科技的发展紧密结合，根据不同教育对象的教学目标进行研究。课程结构是课程的组织和过程，能够将教学的框架和过程反映出来。例如，在旅游英语教学中，课程设置以培养目标和基本要求为根据，从旅游英语方面促进学生英语水平的提高，并以旅游专业实践性强的特点为根据，设计两个模块的英语课程：基础英语模块和旅游英语模块。基础英语模块基于需求和适用性，使内容的针对性和应用性更加突出，重点探索基于技能的知识体系。国内外旅游英语教材有一定的不足之处。将一本权威教材当作教材选择的主要对象，增加几本特色教材。同时，采用了充分利用专业网站资源的方法。中央电视台记录频道播出的"旅游指南（Travelogue）""走遍中国（Around China）"，普特英语学习网等网络上的很多视听资料都是很好的教材。同时，将中国传统文化的介绍纳入教学过程。旅游本身就是最重要的跨文化交流活动，要注意充分运用多种教学方式，引导学生用英语向外国游客介绍中国古代历史、文化和优美的自然风光。使学生的知识面拓宽，应用能力、实践能力和创新能力得到培养，对人才培养的实用性、即时性和重要性予以更多强调，适应中国经济发展的要求，日益与国际接轨。

3. 师生、企业共同参与编写教材

为了使高校教育人才培养的针对性和实用性的特点更加突出，大学英语教师可以以专业课程的特点为根据，采取社会调查和岗位分析的方式，得到专业岗位所需的应用技能和英语知识结构。使英语教材和配套教材在有针对性的编写下具有本校特色，自编校本教材必须与学生的英语水平和实际需要相适应。在与专业课程教师、资深行业从业者和毕业生咨询交流的基础上，对职场需求综合考虑，确定专业英语的内容、深度和范围，排除高深理论教学，包含专业目标群体常用的英语。使辅助教材更加贴近生活实际并且更加实用，将教学内容拓展至课外。

（1）教师在教材编写中结合专业课程的特点。教师应阅读几本流行的职业书籍，借阅学生的专业教材和笔记，了解学生的个性学习框架。咨询专业导师和相关行业从业人员，了解相关行业需要掌握的知识。同时，征求他们对学生 ESP 学习目标和内容的意见。与已毕业的往届同学交流，学习职场最实用的英语知识。关注职场信息，结合相关人才招聘的外语素质要求，对 ESP 教学的内容和方向做出指导。为了与最新的市场趋势紧密结合，教师必须深入实践，收集教材，使撰写的讲义符合市场实际。现在，"教师下企业"制度在各个高校开始普遍实施，这实际上进一步促进了企业与学校交流的融合，也有利于完善和发展教材。

（2）教材编写得到公司专业人员的参与。在编写教科书的过程中，最好与专业领域的人密切合作。可以在编写英语教材时从企业招聘专业人才的需求出发，以专业为依据选择各种题材的语篇，包括一些常用的手册、技术合同、技术图纸，还有一些企业编制的专业词汇表，都可以放在教材中。根据公司实际情况以及对产业结构和产品结构的调整，增加、更新和完善教学内容。合理提出修改意见和建议，对学生必须掌握的英语语言技能予以确定，去掉不符合实际生产的内容，增加与实际密切相关的先进知识和技术，使教学内容灵活适应新的思路，确保学生学到的知识和技能更加实用，使学生更适合工作。

（3）开发与应用校本教材时鼓励学生参与。学生参与校本 ESP 教材的开发和应用，可以使学生的独立性得到充分调动，责任感得到激发，鼓励学生全程参与，从而使 ESP 学习的针对性和实用性更强。学生在教师的带领下研究社会需求和工作，并分析从事工作所需的具体技能。同时，鼓励学生参与确定 ESP 学校教科书的大纲、筛选教学内容、收集与处理学校教材、应用与考核校本教科书等。教师、学生团体、学校资源和行业资源广泛协作。让学生从专业课程、兼职、媒体网络或其他渠道的常规学习中收集 ESP 材料，特别是关于毕业生在工作中应用的产品和技术的英语材料。讨论和总结 ESP 学习的潜在范围和内容。以多方相关信息的综合为基础，师生共同讨论对教材的内容范围做出确定，按照学生专业学习的先后顺序划分内容章节。同时，在现代信息技术的强大功能的帮助下，搭建公共网络平台，设立电子广告栏，为其他专业教师、往届毕业生、行业从业人员参与教材编写提供便利。

英语教师提高"专业"技能的有效途径就是指导学生收集、整理和编辑 ESP 教材的过程。此外，ESP 教材的使用过程也是一个不断改进的过程。在实际教学中，要腾出空间，不断补充更新、更实用的教材，替代一些相对落后的内容，使教材建设处于动态完善的过程中。

（三）校内校外实训结合，提高学生的英语实践运用能力

语言学研究表明，人们的语言技能如果停留在认知层面，很容易被遗忘，因为语言技能必须通过语言行为不断提高并得以保持。学习者必须能够使用所学的语言并在新的环境中扩展它，根据语言使用者的需要创造新的话语。它是英语在实践中运用能力的重要体现，也是高校英语教学的主要目的。高等教育在突出"应用型"教学特色的过程中，强调专业教学实践性训练的需要，经常组织学生实习，实施现场教学，提高学生实践技能，实现大学毕业生的高水平就业率。高校英语教学作为专业技能和素质培养的课程，应扭转教改过程中"重理论轻实践"的趋势，将校内与校外实训相结合。

（四）建立科学合理的评价与考核体系

使高校英语教学的效果得到改革，提高学生的就业能力，不仅体现在考试成绩上，学生对实际操作技能的掌握和社会对高校毕业生应用能力的认可程度才是更重要的体现。因此，高校英语语言评估方法应注重学生应用英语知识和技能的能力，对大学生学业成绩的评估应逐步从单一的纸笔测试转向英语语言应用技能的综合评估。实施不同的英语就业能力评估方法，打破以笔试评分的传统局面，强调写作和口语能力的"齐抓共管"，对听、说、读、写、译进行综合评估，让学生更注重语言实践技能训练，摆脱应试为主的学习模式。英语课程可以从其他课程的考核形式得到借鉴，如设计形式、实践学习形式、技能考核等考核方式，综合评价学生的综合素质，真正体现每个学生的技能习得能力和学习能力效果，帮助提高教学质量。

1. 针对英语基础知识和应用能力进行考核

期末考试是高校英语语言评估的主要形式。此外，还包括由学生出勤率、课堂表现、听写、常规作业以及对学生语言技能的评估等组成的平时成绩。素质教育评估的内容包括语言知识、语言能力、学习态度、学习策略和习惯等，应避免

考核纯粹基于知识。在高校中，英语语言评价方法应该更加多样化。平日除了期末卷面成绩外，教师还应从不同角度评价学生。

同时，应考核应用能力。根据学习过程的要求，定期检查学生的英语学习和各种应用技能的获得情况，并进行专项能力测试。阅读、对话、表演、解释、讨论、比赛等形式可以在课堂教学中穿插进行，随时计分。例如，可以在每节课的前 10 分钟安排听力测试。教师为学生播放准备好的文章或对话。用于让学生填写相应的填空题或选择题，计算分数并在学期结束时按一定比例纳入考核总分。学生最重要的口语评估可以分为两部分：课堂参与和口语期末考试。回答问题、参与课堂讨论发表意见、阅读和背诵教师精心挑选的文章等都是课堂参与的形式。除了课本内容外，阅读评估还可以为学生提供广泛的阅读材料，使之兼顾知识性和趣味性。写作评估主要采取定期作业的形式。教师可以要求学生在课堂上或选定的课外主题上练习写作，提交修正，并鼓励学生自愿写作，如提交每周一次的英语、阅读英语杂志、英文海报、通知和笔记，根据内容和频率给出分数。创建定期的学生评估档案，教师审查和存档作为课程评估的一部分。此外，学生参加各种校内和校外技能竞赛，如英语听说读写，按成绩分档次，固定在学业评估中。期末时将各项应用能力总结起来，按百分比进行期末总评。

2. 结合专业特色和目标岗位需求进行考核

根据学生对英语听、说、读、写、译能力的不同侧重点，相应调整每项应用技能的评分标准，重点提高研究生组所需的英语技能。英语教师要经常结合专业特点和岗位要求进行一些专项培训，如选择各种产品说明书、商务信函、广告、设备操作流程说明、场景模拟角色扮演等，以吸引学生的注意力，更全面地评估英语学习者。通过与教师或专业人士的合作，学生可以从为 ESP 教学测试准备的试题库中随机选择英语材料，并根据模拟的运行情况进行评估。"学、用、考"三者结合最为紧密，充分体现了高校 ESP 教学的应用性原则。根据考核结果对学生进行奖惩，并调整英语教学。

在教育学生的过程中，企业和学校必须对学生的英语技能和实际操作中的表现进行多次评估。教师将学生技能评估的结果按一定比例纳入学期的整体评估中。可根据公司岗位的英语水平要求安排考试，对学生进行考核，突出实用性，强调英语应用技巧，帮助学生更好地发现自身不足。鼓励学生更加努力学习，在没有外界帮助的情况下，通过自主学习或团队合作，提高学生在预定岗位上解决实际作业问题的能力，使学生就业的竞争力得以提升。这种学校和企业共同参与培养英语语言应用技能实践的评估方式，可以反映特殊用途英语理论指导下高校英语教学的定位和适应性。评估结果是学生应用课前英语能力的最强说明。

3. 结合英语等级证书和职业英语技能证书进行考核

高校英语教学的重点是根据高校的教育培养目标，培养学生的实践技能。因此，师生要与市场需求相适应，遵循岗位指导，遵循"实用、够用"的教学标准，将考核考试与学习英语技能的关系处理好，使英语等级考试的对象更丰富。高等院校通常将三级或 B 级英语水平测试作为其主要评估标准。英语应用能力等级证书是没有社会工作经验的学生说明他们的英语语言技能的最佳证据。但它只能是学习英语的一种评分方法，老师可以计算分数作为课程的最终成绩。如果学生在完成课程前能够获得英语水平证书，证明其英语水平与社会要求符合，则课程学习可以提前结束。职业英语技能证书在各行业中具有行业的独特性和适应性，是鉴定学生职业技能和能力的测试。学生在工作时如果有英语的职业技能证书，会更有说服力。因此，在高校学习通用英语时，获得了适合自己专业的职业英语技能证书的学生，如剑桥商务英语水平考试、金融英语证书考试等，也可以被认为有资格合格结束本课程。同时，积极鼓励学生不断提高英语听、说、读、写、译能力，使英语学习更上一层楼，并对成绩优秀的人才予以奖励。这样可以极大地激发学生的学习积极性，有助于培养更高水平的英语人才。

（五）联合学校与企业加强师资力量的建设

高等教育必须与社会的需要紧密联系，因此，为了适应快速发展的社会，高等教育教师需要不断学习。高校应为了个性化、终身化培养体系的构建在每学年留出一定时间，在英语教学改革、教学内容、教学方法、专业英语等方面对教师进行培训，使每门课程满足个性化培养需求，使每位教师得到更专业的成长，使教师的教学水平和教学质量从根本上提高。只有改变教师的教学理念和教学方法，才能使课堂教学质量不断提高。为了与英语课程改革的需要相适应，大学英语教师不仅要讲授英语的基础知识和重难点，还要重视专业知识的学习。只有专业的多技能教师才能培养出一专多能的学生，才能顺利实现教学目标和不断提高教学质量。如今，高校普遍缺乏"双师型"英语专业教师。那些学历高、专业度高、专业知识丰富的人，很少愿意放弃自己目前的事业进入教育界。想要加强高校英语师资力量，可以采取以下两个措施。

1. 大力培养双师型教师

大学英语教师首先要做到"工学结合"，掌握和积累专业知识与专业经验，才能使工学结合在专业内实现，让学生体会到这种结合的魅力和重要性。这就要求原来的英语教师深入生产前沿，对某些专业（如国际贸易、旅游、数控、机械等）的生产现场和操作流程有更多了解，使自身的实践技能最大限度地提升，与高校应用型技术人才培养目标对教师的要求相适应。外语系要充分依托自身优势，利用其他方面的资源，组建一支与该系对各类人才培养需求相匹配的师资队伍。就地取材，为培养现有教师创造条件，选拔一批语言基础能力强、工作自觉负责的英语教师，或派出进修学习，或派他们到各类课程学习或听课，鼓励教师取得职业资格证书等，使专业英语教师的"双师"素质提高，最终通过培养得到一批具有一定专业知识的英语教师。多层次培训对于提高教师学历、更新教师知识、提高教师理论水平和专业技能水平具有重要作用。例如，经贸专业的英语教师，主要负责外经贸英语函电、外经贸应用文写作、外经贸业务洽谈等课程，并利用网络资源下载和编辑相关学科的最新信息并制作讲义，使课程内容更丰富，展示相互学习的趋势和相互进步的教学。

也可以形成校企联姻，打造实习实践基地，依托公司实施实践教学。让教师有机会参观、实践和参与公司的经营管理。同时，还组织相关教师参观工厂，到公司实习和后期培训。学校要积极鼓励教师到企业进行临时培训、承担科研项目、参与技术创新和转化，同时对教师参加教学改革和教材编写等工作给予积极鼓励，以促进教师专业水平和教学水平的提高。教师在带领团队实习、参与企业科研时，能及时发现学校教育的不规范，从而为满足用人单位的需要调整课程和教学安排。例如，可以组织教师到公司参观，促进教师与企业管理人员之间的交流与相互学习，了解公司的真实情况，有利于实践教学的开展。

2. 积极引进企业优秀人才

在对具有实践经验的专职英语教师进行招聘时，聘请涉外企业和行业的兼职英语教师，也能使高校英语教师队伍构成得到改善。为了解决高校教育教师队伍的紧缺问题，也可以引进、积极招聘经验丰富的专家、学者和企业家担任兼职教授，或聘请高级业务人员和管理人员担任客座教授和学校教师。可聘请知名企业高管到高校讲学。再者，由于行业竞争日趋激烈，不少英语语言应用能力较好的创业者需要重新择业，高校对他们极具吸引力。高校可以为教师队伍引进具有较高英语水平和行业工作经验的人才，从而使教师目前的知识结构和教育背景结构得到改变，重理论轻实践的错误趋势得到彻底纠正。

第三节 跨文化教学模式

我国新推出的大学英语教学大纲《大学英语课程教学要求》明确了大学英语课程的性质和目的："大学英语教学是高等教育的一个有机组成部分，大学英语课程是大学生的一门必修基础课程。大学英语是以英语语言知识与应用技能、学习策略和跨文化交际为主要内容，以外语教学理论为指导，并集多种教学模式和教学手段为一体的教学体系，大学英语的教学目标是培养学生的英语综合应用能力，特别是听说能力，使他们在今后工作和社会交往中能用英语有效地进行口头和书面的信息交流，同时增强其自主学习能力，提高文化素养，以适应我国社会发展和国际交流的要求。"

《大学英语课程教学要求》还规定了课程安排："各高等学校应当根据实际情况，按照《课程要求》确定本校的大学英语教学目标，设计各自的大学英语课程体系，将综合英语类、语言技能类、语言应用类、语言文化类和专业英语类等必修课程和选修课程有机结合，以确保不同层次的学生在英语应用能力方面得到充分的训练和提高。……大学英语课程不仅是一门语言基础知识课程，也是拓宽知识、了解世界文化的素质教育课程。因此，设计大学英语课程时也应充分考虑对学生文化素质培养和国际文化知识的传授。"

一、跨文化英语教学原则

（一）制定教学目标所遵循的原则

（1）同时包含总体目标和个性化目标。

（2）总体教学目标根据《大学英语课程教学要求》确定。

（3）本校个性化教学目标的确定能够满足学生需求。

（4）所有目标必须与时代特点符合。

（5）总体目标和个性化目标确定的基础是培养掌握双语言文化的人才。

（二）确定语言教学内容所遵循的原则

（1）教学内容以《大学英语课程教学要求》和需求分析为依据确定。

（2）语言内容应相辅相成于文化内容。

（3）语言项目的选择尽量有文化内涵。

（4）选择典型的教学内容，突出重点。不应给学生留下过重的学习负担。

（5）参考克拉辛"i+1"原则确定语言教学内容难度。

（三）确定文化教学内容所遵循的原则

（1）文化内容应相辅相成于语言内容。

（2）相对于知识文化内容，更注重交际文化内容。

（3）选定具有典型性的文化差异内容，使文化负迁移减少。

（4）充分利用文化正迁移选定两种文化相通的内容。

（5）使构建的文化内容体系更加开放，鼓励学生大胆接触不同的文化观点和价值观念。

（6）选择有正确导向的文化内容，帮助学生克服民族中心主义。

（7）除了语言技能和交际策略训练，文化教学也要包括学生人文素质的培养。

（四）使用教材所遵循的原则

（1）保证引进的国外教材理念先进、语料真实。

（2）采用优质的国内教材。

（3）使自行编写的教材符合本校教学要求。

（五）课堂语言教学所遵循的原则

（1）齐头并进，全面发展听、说、读、写、译等技能。

（2）以认知语言规则为基础进行操练，使创造的学习情景有意义。

（3）教师以学生为中心指导课堂教学。

（4）使课堂气氛活跃、轻松，提倡课堂互动。

（5）增加学生对每一个课堂活动的目的的了解，对参与课堂活动所获得的经验和感受进行反思。

（6）对学生的个体差异充分考虑，在引导学生积极参与活动时采取灵活的对策。

（7）对网络多媒体等高科技手段充分利用，增强英语教学的情景化和交际化。

（8）综合运用八种要素开展言语交际活动：①情景；②功能；③意念；④社会、性别、心理作用；⑤语体；⑥重音和语调；⑦语法和词汇；⑧语言辅助手段。

（9）通过真实语篇的使用使学生的交际能力得到培养。

（10）为学习者提供机会，使其重视语言和学习过程本身。

（11）紧密结合课堂学习与课外语言活动。

（12）适时地分析和疏导学生的语言错误。

（六）课堂文化教学所遵循的原则

（1）将"合作式学习""研讨式学习"的教学理念融入课堂设计中。

（2）为了增加体验式学习的机会，设计丰富多彩的第二课堂文化实践与体验活动。

（3）运用教学方法时以文化教学特点、学生学习风格、教学条件等因素为根据，灵活运用。

二、教学目的

（一）培养学生的英语综合应用能力

就英语教学而言，对学生进行语言能力、语言技能和语言使用方面的培训。以新生的英语水平、完整的考试成绩、专业特点、工作需要、升学需要等为依据，除了对适合学生的英语培养目标进行确定之外，还在教学大纲中列入《大学英语课程教学要求》中选定的适合具体情况的"较高要求"。教学内容、策略和方法根据"高要求"，从听、说、读、写、译、词汇六个方面确定，选择合适的课程为提升学生的英语语言应用能力做好准备。高校英语教学有以下具体要求。

（1）听力理解能力：能听懂英语会话和讲座，对于题材熟悉、篇幅较长、语速为每分钟 150～180 词的英语广播和电视节目能基本听懂，并了解中心大意，掌握要点和相关细节。基本能听懂英文授课的专业课程。

（2）口语表达能力：能用英语比较流利地进行一般话题的对话，能使个人意见、情感、观点等通过英语表达出来，能对事实、理由和事件做到基本陈述，表达清楚，基本有正确发音和语调。

（3）阅读理解能力：基本能以每分钟 70～90 字的阅读速度阅读英语国家流行报刊上的一般性话题文章。翻阅较长且稍难的材料时，阅读速度可达每分钟 120 字。能够对所学专业的综述性文献做到基本阅读，能够正确理解主要思想，把握住主要事实和相关细节。

（4）书面表达能力：基本能表达个人对一般性话题的意见，能为所学专业论文写作英文摘要，能写自己课程的英文论文，能对各种图表做到基本描述，一篇至少 160 字的短文能在半小时内写完，并具有完整的内容、清晰的观点和结构以及流利的句子。

（5）翻译能力：能够从所学课程中提取和翻译英语文献和资料，在词典的帮助下，能够翻译英语国家流行报刊上主题熟悉的文章。以约每小时 350 个英文单词的速度进行英译汉。翻译流畅，富有表现力，只含有较少的理解和表达错误。能够使用适当的翻译技巧。

（6）推荐词汇量：应至少掌握 6395 个单词和 1200 个短语（包括高中必须掌

握的词汇和一般要求的词汇），其中积极词汇包括 2200 个左右的单词（包括一般要求必须掌握的积极词汇）。

（二）培养学生的跨文化交际认知能力

全面的英语语言应用技能是跨文化交流技能的一部分。培养学生的跨文化交际能力是大学英语教学的最终目的。要想成功进行跨文化交际，必须培养跨文化交际能力，即与来自不同文化背景的人进行有效的沟通的能力。一般有三个因素包含在跨文化交际能力中：认知因素、情感因素和行为因素。认知因素在这里是指跨文化意识，即人们以对自身文化和外来文化的理解为基础而形成的对周围世界认知的变化和对自身行为模式的调整。情感因素是指在跨文化交际过程中人们的情绪、态度和文化敏感性。行为因素是指人们进行有效和恰当的跨文化交际行为的各种技能和能力，如获取和使用语言信息的能力，如何开始对话、如何轮流对话以及结束对话时的谈话技巧和同理心技巧等。

人们在特定交际环境中对语言和文化信息进行加工处理的过程就是跨文化交际过程中的认知。获得跨文化知识、跨文化交际规则和提高跨文化交际意识的基础就是跨文化认知技能，包括交际认知技能和文化认知技能。在跨文化交际大学进行英语教学时，必须使学生的跨文化认知能力得到优先发展。

（1）文化认知能力

文化认知能力的定义是在理解母语和目的语言双方文化参照体系的前提下的跨文化思维能力和跨文化策划能力。跨文化交际要求交际者不仅要对自己文化体系的文化习惯、价值观、思维方式和行为取向有所了解，还要对目的语文化的相关知识增进了解。

交际者在了解两种文化的参照系之后，才能调整自己在跨文化交际语境中的行为模式，对交际对象的行为取向做出预测，做好准备进行有效交际。跨文化思维能力是指交际者以对交际对象的文化思维习惯的了解为依据，开展跨文化思维活动的能力，是一种高层次的跨文化交际技能。在交际过程中，构成交际环境的事物是交际主体的认知对象，即交际行为发生在一定语境中。弗格斯将情节定义为"某一特定文化环境中典型的交往序列定势"，跨文化情节能力是指在给定的语境中，交流者根据一系列交流序列进行交流的能力。

（2）交际认知能力

跨文化交际能力不仅包括理解目标语言的交际模式和交际习惯，还包括掌握目标语言系统、交际规则和交际策略。语言是大学英语教学的主要内容，教学的重要目标之一是对语言知识和应用规则的掌握。由于人们在不同文化体系中有着不同的价值取向和不同的交流规则。如果对对方的文化交际规则没有足够了解，即使用正确的目标语言，也不能保证交际效果。因此，外语学习者只有从文化角度了解交际对象的交际规则，掌握交际策略，才能将跨文化交际能力在行为层面表现出来。

（三）培养学生跨文化情感能力

情感是具有一定需要的主体与客观事物之间的关系的反映，是一种特殊的对客观世界的反映形式，属于高级层面的心理现象，能够对认知层面的心理过程产生影响。对事物的认识和解决问题的方式会受到情感、态度和动机的影响。交际者的移情能力和自我心理调适能力是交际过程中主要的文化情感能力。

（1）移情能力

对学生的移情能力的培养指的是对学生克服民族中心主义的能力、换位思考能力以及形成得体交际动机的能力的培养。交际个体作为文化群体的一员，都倾向于民族中心主义，评价其他文化时以本民族文化为标准，存在对其他文化的文化思维定式、偏见和反感情绪。培养跨文化交际能力的课程体系能够使学生对其他文化的认识得到增加，跨文化交际意识提高，还能使民族中心主义的负面影响得到克服。

（2）自我心理调适能力

交际主体在跨文化交际语境中，会在文化差异的影响下产生心理焦虑或感到心理压力，比如文化休克。因此，文化教学的重要目标就是培养学生的自我心理调节能力（包括困惑和挫折时，自我减轻心理压力的能力）、对目的语言文化中不确定因素的接受能力和保持自信和宽容的能力。

（四）培养学生的跨文化行为能力

人们进行有效的、适宜的跨文化交际行为的各种能力就是跨文化行为能力，比如正确运用语言、通过非言语手段交换信息、灵活地运用交际策略、与对方建立关系、控制交谈内容方式和过程的能力等。跨文化交际能力最终体现在跨文化交际的行为能力上。认知能力和情感能力是跨文化行为能力形成的基础。要对学生的三种跨文化行为能力（言语行为能力、非言语行为能力、跨文化关系能力）在跨文化交际大学英语教学过程中着重培养。

（1）言语行为能力

语言能力和语言行为是言语行为能力的基础。词法、语音、语法、句法、语篇等语言知识都属于语言能力，正确使用语言的能力就是语言行为。所以我们应该从跨文化交际角度对学生的言语行为能力进行培养，使学生增强对目的语言词汇的文化隐含意义、句法构成习惯以及篇章结构布局等的了解。

（2）非言语行为能力

使学生有效沟通的能力和非言语交际能力得到培养和提高。肢体动作、身体姿态、面部表情、目光接触、交流体距、音调高低等都属于非语言交际行为。在交际中言语行为所传递的信息量远远不如非语言交际行为所传递的信息量。

（3）跨文化关系能力

通过对学生的跨文化关系能力的培养，保证学生顺利进行跨文化交际。与目的语言文化交际对象建立并保持关系的能力，在不同的交际情境中的应变能力都属于跨文化关系能力。

跨文化交际能力的主体主要由语言综合应用能力、跨文化认知能力、情感能力和行为能力构成，它们也作为重要目标出现在跨文化教学中。要想培养学生的这些能力，必须坚持跨文化交际课程体系。

三、基于跨文化交际的大学英语教学的优势

可以从以下两个方面来看待此教学模式的优势：一方面，学生在跨文化交际的大学英语教学的帮助下，可以很好地学习英语的内涵和本质，从而使大学英语

的教学质量提高，要想更好地学习运用英语这门语言，就必须同时增加对与英语相关的文化知识的了解，英语作为语言，在交流中没有固定的语言规范模式，却在背后有着有迹可循的文化。学生在学习中吸收教师在英语教学中讲述的丰富的英语文化，有利于自身的实际英语交流，所以，想要培养出跨国文化人才，跨文化交际的英语教学模式是十分必要的。

另一方面，此教学模式对营造良好的课堂气氛十分有利，能够构建更加生动形象的英语课堂。如今的大学教学在创新时代的影响下，对创新更加重视，通过创新才能使学生的学习兴趣和教学质量得到提高，作为一门外国语言，英语存在与我们的文化背景有较大差异的文化背景，所以，学生学习英语时会不可避免地出现不适应语言理解的情况。由于学生自身存在较强的好奇心与求知欲，在实际的英语教学中引入跨文化英语教学模式，恰恰会使学生学习英语的积极性得到调动，好奇心和求知欲望得到满足。课堂教学内容由于此模式的引入更加丰富，学生也更加容易理解和接受教师传授的英语知识，所以，跨文化交际的大学英语教学模式是帮助现阶段的大学英语教学实现质的飞跃的重要助力。

四、教学内容

（一）语言基础教学内容

（1）语法结构项目：3项

①词语层面：代词、名词、数词、限定词、被动语态、短语动词、时态、动名词、过去分词、不定式、现在分词、虚拟语气、介词、形容词、情态动词、副词、构词法等。

②句子层面：句子成分、句型、名词从句、形容词从句、直接引语、间接引语、同位语、副词从句等。

③超语句层面：并列结构、倒装语序、插入语、省略、替代、强调、标点符号等。

（2）功能意念项目：10项

①寒暄：称呼、介绍、问候、告别、致谢、同情、祝贺、道歉、邀请、提

议等。

②态度：愿意、决定、同意、建议、责备、预告、提醒、抱怨、决心、允许、命令、怀疑、认定、相信、承诺等。

③情绪：焦虑、惊奇、高兴、恼怒、恐惧、担忧、满意、失望、欲望等。

④时间：时刻、时间关系、频度、时段、时序等。

⑤位置：方向、距离、位置、运动等。

⑥单位：深度、容量、速度、温度、宽度、准确度、近视、比例、估计、长度、平均、比率、最大限度、最小限度等。

⑦信息：定义、澄清、争辩、描述、叙述、概括、演示、解释、结论等。

⑧关系：对比、比较、相似、差异、假定、假设、目的、让步、真实条件、非真实条件、所属、因果、部分和整体关系等。

⑨计算：增加、减少、加、减、乘、除、百分数等。

⑩特性：颜色、材料、规格、形状、功能和应用等。

（二）文化嵌入与文化教学内容

（1）文化行为项目：12项

①生活必需：住宿、购物、就餐、节假日、搬家、穿着、看病、出行、医疗、保健等。

②人际关系：称呼、介绍、打电话、接受、拒绝、寒暄、通信、邀请、拜访、会客、帮忙、交友、送礼、祝贺、共餐、聚会、告别等。

③娱乐消遣：观剧、游览、周末娱乐、别墅生活、看电影、看电视、听音乐会、欢度节日、体育等。

④情感态度：愤怒、沮丧、兴奋、惊讶、遗憾、怀疑、感谢、厌恶、请求、要求、谦虚、道歉、同情、赞扬、服从、妥协等。

⑤观点意见：评论、建议、同意、反对、征求意见、讨论等。

⑥个人隐私：婚姻状况、宗教信仰、收入、年龄、政治立场等。

⑦时空意义：人际距离、时间划定、身体触碰、时间观念等。

⑧家庭生活：家庭纠纷、家庭开支、家庭团聚、亲属往来、家务分工、长幼

代沟等。

⑨婚姻习俗：结婚、婚变、恋爱、生育等。

⑩知识教育：校园生活、课外活动、学校教育、社会教育等。

⑪社会职责：社会活动、求职、志愿者、犯罪等。

⑫宗教活动：宗教教义、宗教派别、宗教节日、宗教仪式、宗教禁忌等。

（2）文化心理项目：5项

①社会价值观念：竞争与和谐、男女地位、个人与集体、权威与平等。

②人生价值观念：命运、金钱、成就、友谊等。

③伦理观念：他人与自我、公正与善良、礼节与面子等。

④审美观念：数字、色彩、体态等。

⑤自然观念：天人相异、天人合一、适应自然、战胜自然、星座凶吉等。

五、教材的选择

为了教学目标的达成，开设大学英语基础课程（必修课程）和文化与跨文化交际类课程（选修课程）两类课程。前者的目标是培养学生语言综合应用能力，后者则着重对学生跨文化交际能力进行培养。两类课程选用的教材不同。

（一）大学英语基础课程教学教材

大学英语基础教学阶段的基本教学目标是培养学生的语言应用能力，以词汇、语法、篇章、语用为主要教学内容。为避免语法教学与语言文化脱离，选择的大学英语教材要包含丰富的跨文化交际语料为内容，如：《新视野大学英语》系列教材（外语教学与研究出版社）、（全新版）《大学英语》系列教材（上海外语教育出版社）。

这几部教材的指导方法均为交际教学法，突出培养教学过程中的跨文化交际能力，在内容方面融合了语言材料与文化内容。教材中不仅包含实用性强且生动有趣的语言材料，还将大量真实的图片以及英语国家丰富的文化背景提供给学习者，使其视野得到开拓。《新视野大学英语》将网络教学平台提供给学生和教师，采取的自主学习模式为学习增添了趣味性和自主性，使体验式学习方式和合作式学习方式更易于实现。

（二）文化与跨文化交际类课程教学教材

《新视野大学英语视听阅读》教程的主要知识关于地理、文化方面，并配有视频。学习者的学习过程不但摆脱了枯燥乏味，还可以对不同国家社会的方方面面通过录像节目深入了解，为学生提供机会体验跨文化交际，从而使其文化素质得到提高。（全新版）《大学英语》的教学内容覆盖了听、说、读、写、译各方面，具有较强的知识性、趣味性和实用性，在大学英语教学的多年教学检验下成为经典教材。

六、外语教学方法和策略

外语教学方法：外语教学方法是指外语教学中教授语言时以系统的原则和程序为根据的方法，即在语言教授中运用关于语言是如何进行最好的教与学的观点。

我们主要研究听说法、认知法和交际法的教学原则、教学理念、教学技巧和教学程序，然后整理出一套能够在大学英语教学中应用的教学策略。

外语教学策略：外语教学策略涉及的问题主要是"如何教外语"，它是指一系列教学措施、方式或方法，目的在于实现教学目标，在一定的教学原则和思路的指导下，针对到特定的教学内容。综合性、可操作性、灵活性等是教学策略具有的特征。

（一）普遍性教学策略

普遍性教学策略能够适合各种课型使用。无论是听说课，还是读写课，甚至是练习课的任何课型，教师的主导都至关重要。教师需要在教学的各个环节上采用一套相应的教学策略。课堂组织策略、激励策略、提问策略、评估策略都是这套教学策略包括的内容。

（1）课堂组织策略

课堂教学的生命是课堂组织。教师角色的选择、课堂活动的控制、活动的组织方式等是课堂组织策略包括的内容。大学英语教师主要应该负责六种角色的扮演：课堂活动的控制者、课堂的组织者、学生的启发者、学生学习效果的检测者、学习资源的提供者和课堂活动的参与者。

（2）激励策略

作为一种内部动力，学习兴趣是成功的前提或先决条件。缺乏学习兴趣的学生，会使学习和教学都成为痛苦的过程。所以，采用一套有效的激励策略激发学生的学习兴趣是大学英语教师的一个重要任务。这套激励策略有以下内容：开展趣味外语活动；课堂语言生动幽默；对学生参与外语活动给予鼓励和奖励；将奖学金、学位等与外语考试成绩挂钩。

（3）提问策略

课堂上常见的互动形式就是提问。教师通过提问对学生的学习情况保持更多的了解。这就要求教师对提问策略做到严格把握，设计出与学生的认知水平和英语语言能力难易程度相当的问题。如下几类问题都是教师可以提出的：封闭性问题与开放性问题；深层问题与浅层问题；发散性问题与聚合性问题；理解性问题、信息性问题与评价性问题；推理性问题与陈述性问题等。

（4）评估策略

课堂评估具有很大的教学反拨作用，师生都能够受益良多。一方面，评估可以对学生掌握教学内容的情况和学习中仍未解决的问题做出检测，有助于学生对自己的学习策略和学习方案进行调整；另一方面，教师可以在发现课程设置问题、教学内容问题、教学方法问题时使用恰当的评估策略，提供依据帮助教师调整教学内容、方法和手段。

课堂教学的重要组成部分是评估。由于评估的过程是连续不断的，课堂应该采用形成性评估的策略评估，主要手段为学生问卷、学习监控表、一句话概要、应用卡等。

（二）具体性教学策略

具体性教学策略是一种教学行为，主要指培养听、说、读、写能力和文化意识。要求教师恰当地采用词汇教学策略、语法教学策略、阅读教学策略、写作教学策略、听说教学策略、文化教学策略六种具体性教学策略应用在语言教学方面。

　　词汇发现、单词网、信息沟、词汇问题以及多媒体展示等是帮助学生认知词汇的教学策略；单词故事、词汇旅行、单词冲刺、连锁故事、交叉联想等是帮助学生应用词汇的教学策略；填图、文本校对、纵横字谜、自评对子和学生测验等是帮助学生测评词汇的策略。

　　常用的语法教学策略：图片案例、迷你情景、虚拟情景、旅游、原因探究、猜测模仿、爱好选择以及图片故事。

　　常用的阅读策略：先行组织、合作阅读、学习日志、互惠阅读、同伴指导、自选阅读、同伴阅读以及图片故事。

　　常见的听力教学策略：概述选择、标题探索、复式听写、听与画、排序、远距离听写等。

　　常见的会话教学策略：找伙伴、流程卡、图画排序、补全对话、链锁复述、分组讨论、围圈发言、角色卡小品、图画信息沟、采访、"陪审团"以及纸条指令等。

　　常见的写作策略：平行写作、故事重组、句子重组、轮式写作、框架写作、图片序列、拆分信件以及创作隐含对话等。

　　教学活动：除传统说教式课文讲解的采用以外，教师还可组织一系列的课堂活动。

　　口头报告：教师提前给学生布置口头报告的题目，学生在课堂上报告经过课前准备的内容。

　　小组讨论：以 3～5 人为单位讨论课文中涉及的话题。

　　对子活动：对话练习以两人为单位，使课堂上出现的句子结构知识得到巩固。

　　角色扮演：让学生以课本上的对话为依据进行模仿练习；教师提出活动场景，让学生自行分配角色，自己设计场景的对话内容，在小组预演后，在班级中表演。

　　即兴演讲：让学生以教师临时提供的文化场景为根据做即兴的、简单的交际。

信息缺口：给学生提供的信息只包含一部分，只有通过合作才能获得全部信息。

采访：针对某一问题或者某一文化现象的理解让学生采访班级学生。

小组辩论：将学生分为持有相反观点的两组，分别辩论教材中出现的某一热点话题。

词义挖掘：在学生对英语词语概念意义做到完全掌握之后，开展课堂讨论会，然后学生以语境、词源、搭配和英汉比较为根据，将词汇的文化内涵挖掘出来。

习语对比：让学生挑选出课文中出现的习语，通过目的语言与母语的对比，找出它们在习语表达方式上的异同，接着请部分学生汇报结果。比喻相同或相似：wolf in sheep's clothing（披着羊皮的狼）；Kill two birds with one stone（一箭双雕）等。比喻不同：Love me, love my dog（爱屋及乌）；as strong as a horse（壮得像头牛）等。

案例分析：组织学生讨论分析课文中的某一典型语言现象或文化现象，在老师点评的帮助下，使学生对相关概念和文化现象的理解和把握增强。

共享信息：将一些语言或文化题目布置给学生，让学生去图书馆或上网获取相关信息，然后与全班同学共享获取的信息，使学生合作学习的习惯得到培养。

七、文化教学的方法和策略

文化教学的方法：显性文化教学法、隐性文化教学法和综合文化教学法是外语教育中采用的三种文化教学法。

（一）显性文化教学法

显性文化教学法有以下三个特点：相对独立于外语教学，较为直接系统，以知识为重心。我们能明显感觉到显性文化教学法的省时、高效。同时，这些文化知识材料相对独立于语言教学，并且自成体系，对学生随时自学非常方便。但有两个致命缺陷存在于显性文化教学法中：（1）使学生形成对异文化的简单的理解和定型观念，阻碍学生有效进行跨文化交际。（2）学习者扮演的角色始终被动，导致他们的文化探究的能力和学习策略较为缺乏。

（二）隐性文化教学法

隐性文化教学法主张自然地融合外语教学与文化教学。各种交际活动在课堂展开，将一个认识和感知异文化的机会提供给学习者，这是它的优点。其缺点是：学习者在语言学习的过程中学到的外国文化都是自然习得的，缺乏系统性。

（三）综合文化教学法

综合文化教学法的最终教学目标是培养跨文化交际能力，将显性文化教学和隐性文化教学的各自优势融合起来，且对传授文化知识与培养跨文化意识和行为能力做到了兼顾。

文化教学的策略：系统的文化教学策略能够为大学英语教学提供有效的支持。在对国内外语言文化教学研究和跨文化交际研究的书籍进行涉猎以后，综合文化教学法得到引进，将一套适合实际情况的基本文化教学策略整合出来，一系列的课堂活动也在此基础上出现。

采用的文化教学策略有：文化参观、文化讲座、文化表演、文化交流、文化讨论、文化渗透、文化体验、文化欣赏、文化合作、文化片段、文化包、文化冲突、文化研究、文化谜语、文化会话、文化旁白、文化丛、案例分析法、角色扮演、文化多棱镜、关键事件分析、文学作品分析。

文化教学设计体现在大学英语教学过程中的课堂活动如下。

文化实物：让每位学生将一件代表家乡文化的物品展示出来，如手工艺品、典型的民族服饰、家乡人民生活情景图片、家乡著名建筑物模型或照片等。学生通过代表自己家乡文化的物品的展示，将家乡文化的特色介绍出来。这一活动可以使学生视野更加开阔，地域文化知识增加，体会到地域文化差异。

短文仿写练习：选择一篇英国文化背景的短文改写，要求保持一致的主题，叙事和观察视角变为本民族文化。例如，参考例文《美国学生的春假》写一篇短文，题目为《中国学生的假期》。通过原文和改写文在文化和内容上的不同的比较，对中美文化差异增加了解。

地域文化介绍：教师把学生分为分别代表美国、英国、加拿大和澳大利亚的四组，为各组分发有关四国文化的资料，假设学生的家乡就是上述四国，要求学生对家乡的文化特色做出简要介绍。使学生通过角色扮演增加对四国文化的相同点和不同点的了解，意识到很多方面的差别存在于这四个以英语为母语的国家之中。

通过习语和谚语了解文化：对英语习语和谚语进行系统讲解，将隐含的价值观念解析出来。

发现文化身份：让学生对自身的文化观念进行反思，对自己的文化身份进行确认，进而对自己所在文化群体的特点和文化价值取向得到深入了解。

凭记忆画图：教师将一幅图画展示出来，给学生观察 2 分钟后，要求他们凭记忆将图中内容画出来；通过对不同的学生所画图画的内容的观察和讨论，在教师的引导下帮助学生得出结论——人们感知世界的方式受个人文化背景的影响，具有很大不同。

感受个体空间距离：创造不同的语境，赋予学生以不同的交际身份和交际对象，使学生保持某种空间距离，体会到语境、文化、交际者的身份角色及交际对象的关系对空间距离的不同期望。

文化定式：教师让学生观看不同国籍人们的照片，要求学生用形容词描绘出对照片中人物的印象。通过对不同群体或个人的印象的描述，对文化定式现象和文化定式产生的原因、优点和缺点有更多了解。

回忆最初的时刻：让学生对他们接触陌生环境最初时刻的感觉和想法进行讲述，讨论人们在适应和融入陌生环境与文化时受到的不同态度和行为的影响。使学生明白交际双方未来关系的发展方向会受到陌生环境或陌生人的最初接触的影响；除此之外，要想更好地适应和融入陌生的环境与文化，积极的态度与行为是十分有益的。

外国工艺品展：带领学生进行某一文化的工艺品展览的参观活动，引导他们将展品中蕴涵的文化意义发掘出来，使学生观察事物的能力、文化意识和文化敏感性得到培养。

文化场景短剧：组织一部分学生进行情景短剧的表演，其他学生在欣赏短剧表演时，从文化角度对短剧中的情景作出自己的理解和分析。学生在短剧表演完毕后讨论几个问题，如短剧中发生了什么？剧中体现的文化现象和冲突有哪些？该活动可使学生的观察技能得到锻炼，进而使学生分析文化现象的能力提高。

感知移情：教师提供一篇由文化认知差异引发交际问题的短文，在学生阅读后引导学生讨论其中的问题，使学生移情能力和跨文化交际意识得到培养和加强，帮助学生提高跨文化交际能力，寻找更多的途径和方法。

非言语交际：学生分组对某些生活场景进行表演，展示空间距离、肢体语言（面目表情、眼神交流）、表达情感的声调和语气（讽刺、兴奋）等。帮助学生通过该课堂活动增进对非言语交际所包含的内容及其重要性的了解，使学生明白应该采取恰当的行为和态度进行非言语交际，进而使其交际意识得到加强。

采访外国人：教师引导学生用某些特定问题采访一些外国人，然后在课堂展示采访汇报，要求学生对不同的受访者做出的回答进行比较，以及描述他们面对采访和采访问题所表现出的态度和反应。通过该活动，使学生对不同文化对待某些事物看法和态度的异同得到更多的了解。

影片欣赏：教师给学生展示几段有关美国（或其他国家）教育、教学方面的影片，使他们对美国教育体系的特点有更多了解，并指导学生对中美两国教育体制的差异进行比较。

辨别强语境文化和弱语境文化：教师首先将强语境文化和弱语境文化的定义介绍给学生。然后让学生在对不同文化现象的辨别中，增加对强语境文化和弱语境文化的了解，并发现存在于这两种不同语境文化模式之间的差异，进而引导学生对不同文化学会接受和尊重，从而使学生的跨文化交际意识得到培养。

文化适应：教师要求学生对其接触陌生环境和文化的经历进行回忆，在思考时结合异地求学或旅游等经历，将经历中的主要事件和情景简要地写出来，并做到对心情、感受和想法的回顾。该活动可以增加学生对文化适应过程的了解，使学生的跨文化交际意识和适应新环境、新文化的能力得到提升。

第四节　5E 教学模式

一、5E 教学模式内涵

学生在接受正规的科学教育之前，已有了自己的概念想法，教学中若不考虑学生已有的前概念，只是关注于新知识或正确概念的传授，在教学之后，学生头脑中那些错误的或不完善的前概念往往不会自动地校正。建构主义理论认为，学生无法仅靠传授学习科学概念，以原有经验的概念为基础转变学习是科学概念学习的最基本的方式。同样，教学就是要转变学生的前概念，形成正确的科学概念。这就是源于 20 世纪 80 年代的概念转变理论的核心内容。"5E"教学模式就是在这种理念指导下，由美国生物学课程研究所开发的帮助学生构建科学概念的模式。

吸引（Engagement）、探究（Exploration）、解释（Explanation）、迁移（Elaboration）和评价（Evaluation）是 5E 教学模式的 5 个步骤。

（一）吸引（Engagement）

5E 教学模式以这一环节为起始环节。为使学生产生对学习任务的兴趣，激发学生的主动探究精神，5E 教学模式一般强调通过创设问题情境来使学生的学习兴趣得到激发。这里的问题情境应尽量联系于现实生活（特别是学生的生活），并同时联系课程内容和教学任务。情境中的问题在吸引学生后能够引起认知冲突，从而使学生主动探究、主动建构知识的兴趣得到激发。

教师课前需要增加学生对于即将学习的任务已经形成的前概念或错误概念的了解，通过对原有概念和科学概念之间差异的分析找到差异形成的原因，然后创建问题情境，通过构建与学生已知的前概念或错误概念产生认知冲突的常见情境，使学生对学习任务的探究兴趣被激发，进而产生探究意愿。

（二）探究（Exploration）

教师以上一环节产生的认知冲突为根据，帮助学生进行探究。学生是探究的过程中的主体，引导和帮助是教师的作用。教师要将一些必需的背景知识，包括学习材料提供给学生。学生的实际状况及教师对学生的了解情况都会影响到"支架式"支持的力度。教师要注意对学生的观察、倾听，并在适当的时候给出提示和指导，保持对学生探究进程和深度的了解，同时避免学生得出结论速度过快的现象。

在这一阶段，在具体的探究活动的影响下，学生逐渐会暴露出原有概念（很可能是错误概念）、技能、方法等，有利于之后的概念转换和概念界定。

（三）解释（Explanation）

5E 教学模式的关键环节是解释阶段。这一阶段应在对探究过程和结果的展示及分析方面集中学生的注意力，为学生表达对概念的理解以及技能的掌握或方法的运用提供一个机会，帮助学生在阐述他们对概念的认知时尝试用自己的理解。这一阶段也将直接介绍概念、过程或方法的机会提供给教师，帮助学生更深入地理解新的概念。

一定的逻辑推理是解释环节的必需品，教师应注意鼓励和提醒学生，在推理时以已有的知识经验和上一环节进行探究的过程和结果为根据。如果推理的过程出现困难，教师也可以在学生的实验过程和结果的帮助下，并以其他的材料和媒体为辅助，帮助学生正确地理解概念，特别要注意对学生已有的错误概念做到摒弃和纠正。

（四）迁移（Elaboration）

在教师的引导下让学生在解释新的类似的情境或问题时利用新概念，要求学生尽量使用刚刚学习的专业的术语，这不仅可以回答新情境和新问题，而且可以使他们对新概念的理解得到加深。继续发展学生理解和应用概念时的技巧，将概念的基本内涵扩充，并建立与其他已有概念的某种联系。

（五）评价（Evaluation）

教师和学生在这一阶段用正式和非正式的方法对学生理解和应用新知识的能力做出评价，如纸笔测验和表现性任务等形式的正式方法；非正式评价则可以在整个教学过程的任何时候进行。总之，确保学生活动的方向或鼓励学生对研究过程进行反思才是评价的目的，并且，评价也能帮助教师对自己的教学过程和效果做出评估。

学生自我评价也在 5E 教学模式中提出，自我评价的好处在于学生能在一个任务中对自己的思路、方法和操作技能产生认知，对学生认知自己在活动探究中付出的努力程度也有帮助。

二、理论基础

5E 学习模式的形成和发展离不开认知学习理论和建构主义理论，这种学习模式立足于学生的认知水平，对学生在学习过程中进行知识建构和迁移的理念予以更多强调。此外，实用主义教育理论对课程设置、教学模式和教学方法有着广泛的影响。因此，为了更加流畅地开展 5E 教学模式在英语教学中的实验研究，本书将实用主义教育理论增加到认知学习理论和建构主义理论中。

（一）认知学习理论

一般认为，早期认知理论的代表学派——格式塔心理学的顿悟说是认知学习理论的发端。但是，现代认知学习理论却是在 20 世纪六七十年代形成。认知学习理论在认知心理学中非常流行，如布鲁纳（Jerome S.Bruner）、奥苏贝尔（Ausubel）、加涅（Robert Mills Gagne）等许多心理学家都提出了自己的认知学习理论。

教育中常用的认知学习理论是奥苏贝尔提出的"认知同化理论"。在奥苏贝尔看来，认知结构侧重于两个方面：认知过程和认知结构。认知过程是指在学习者学习的过程中，脑海中的所学知识能够形成一定的知识结构；而认知结构则是指在学习者学习的过程中，通过不断积累旧知识，从而在脑海中形成与新知识的联系[1]。学生是认知结构理论视角下的教学观的主体，教师需要发挥适时适当的引导作用，帮助学生将脑海中的知识联系起来，引导学生对新旧知识之间的联系产生思考，从而使学生的主观能动性得到有效激发；新知识和学生脑海中旧知识的联系的建立，对学生形成创新的意识和思维有一定帮助，还能使学生自主解决问题的能力得到培养。站在教师的角度，教师启发学生学习过程中的独立思考远远重要于单纯地传授知识。所以教师在教学过程中应当对学生脑海中已有的旧知识予以关注，并且发挥引导作用帮助学生联系新旧知识，让学生在脑海中创建相应的知识结构，从而完成知识重组。

---

[1] 祁小梅. 奥苏贝尔认知结构与迁移理论及教学 [J]. 黑龙江高教研究，2004（05）：99-100.

以认知学习理论为基础，5E 教学模式的主体地位始终是学生，同时对教师的支架式指导作用予以强调，传统教学模式的束缚被冲破。当实际的阅读教学活动开展时，教师以学生的语言水平和生活经历为根据，将尽可能真实的问题情境设置给学生，学生通过自主思考、收集资料和合作探究将当前阅读学习内容和已有的知识经验的联系建立起来，在这个过程中实现新旧知识的相互作用。最后，英语阅读学习中需要改进的部分也能够通过学生自评、同伴互评和教师评价的方式来反思。

（二）建构主义理论

建构主义理论的出现源于教育心理学领域的一场革命，它以瑞士心理学家皮亚杰的认知发展阶段理论为基础。皮亚杰认为图式发展水平是人类认知发展的重要指标，当学习者自身的图式能够使新信息同化时，学习者的认知状态就能达到平衡；当学习者自身的图式无法与新的信息同化时，就会打破平衡状态，学习者需要通过顺应来调整不平衡，最终实现平衡的过程。总之，个体认知发展的过程是一个不断同化和适应环境以达到平衡的过程，这就是皮亚杰关于建构主义的基本观点❶。

基于皮亚杰的研究，科尔伯格（Kohlberg）、斯腾伯格（Sternberg）、卡茨（Katz）、维果斯基（Lev Vygotsky）进一步对建构主义理论做出了丰富和完善，推动它在教育实践中应用；随着教育部新课程改革将建构主义理论作为理念之一，该理论也有了对于教育教学的更重要的指导作用。建构主义理论中的学习观认为，学习是一个意义建构过程，是在一定的情境即社会文化背景下，借助其他人的帮助即通过人际的协作活动而实现的，因此建构主义学习理论认为学习环境中有四大要素，分别是："情境""协作""会话"和"意义建构"。

以建构主义理论为基础，教师在教学的过程中主要发挥组织、辅助和引导的作用，使学生的积极性、主动性和创造性通过情境、合作、探究等教学要素得到提高，在阅读教学活动中将学生始终置于中心位置。5E 教学模式正是基于建构主义理论做出的先进尝试，并且将非常重要的评价环节增加进来。

---

❶ 武晓燕. 试论建构主义理论对英语教学的启示 [J]. 外语与外语教学，2006（02）：33–35.

以 5E 教学模式的问题导向为根据，在英语阅读教学中，教师通过贴近学生知识经验的问题的创设，从而让学生更多地关注课堂活动；继而引导学生在自主学习、合作探究中将小组活动中的交流表达、信息整合和意义探究有效完成；教师面对学生展示的成果，引导学生对先前错误的、片面的认识作出纠正，获得正确的、整体的认识，促使知识的意义建构实现。最后，对于学习中的不足之处，通过形式多样的评价方式来反思。

（三）实用主义教育理论

美国著名的教育学家约翰·杜威（John Dewey），一生致力于研究教育活动和教育理论，他的实用主义教育理论不仅使美国和世界各国的教育发展得到推动，也产生了对现代学校教育的教学模式、课程设置和教学方法等方面的深远影响。以经验主义哲学为基础，杜威概括教育的本质为教育即生长、教育即生活、教育即经验的不断改造这三个方面。教育即生长是指教育要将压抑、阻碍学生自由发展之物摒弃，对学生身心发展的特点予以尊重，允许他们在生长时按照自己的方式❶。教育即生活，是指杜威主张学校教育要紧密契合于学生的现实生活，能够满足学生发展的需要和兴趣❷。教育即经验的不断改造，对学生在教学中的实践活动予以强调，主张在主客观的相互作用下获得直接经验。

为了获取课堂中的有效经验，杜威将从做中学的观念提了出来，对学生在经验中发现问题、提出问题并解决问题予以强调。与杜威的实用主义教育理论相比，5E 教学模式的内涵有着与之不谋而合的理念，5E 教学模式在应用时，对尊重学生的学习兴趣和学习能力予以强调，将生活实践中的直接经验与英语学习联系在一起，开展合作探究解决真实的问题情境，最后将小组成果呈现出来，学生实现了理论与实践的联系。教师则为了践行"从做中学"，推动学生自主解决问题，鼓励学生在自主探究学习的过程中归纳和总结经验，从而得到直接经验；学生在最后的成果汇报环节和评价环节，能够学习到其他同学的优点，在学习的过

---

❶ 陈桂香 . 浅谈杜威实用主义教育思想及其现代启示 [J]. 福建论坛（人文社会科学版），2011（S1）：149–150.

❷ 李明月，李德才 . 从实用主义教育到"生活教育"：杜威与陶行知教育理论之比较 [J]. 福建论坛（社科教育版），2007（06）：47–50.

程中实现直接经验和间接经验的相互作用。

三、5E 教学模式在英语教学中的应用

"5E"教学模式能够有效推动学生英语口语能力的培养。这里以学生英语口语能力的培养为例，对"5E"教学模式的内涵及其在高校英语专业学生英语口语能力的培养中的应用做出阐述。

（一）参与阶段

参与阶段是每个学生参与英语口语训练的开始，也是培养学生英语口语能力的起始环节，以让学生明确学习任务和学习内容以及应该达到的学习目标为目的。该阶段有如下的具体操作。

首先，教师通过在班级分组，将全班同学拆分成若干小组，并要求每个小组选出各自的学习小组组长，小组长的主要任务是在该小组成员完成教师所布置的学习任务时负责并监督，并组织小组成员在小组内将课前的训练活动完成；接着，在课前，教师以培养学生英语口语能力的基本要求和课程目标以及本学期的教学计划和任务为根据，将教材中的学习内容分配给全班各个小组的同学，明确各个小组成员的学习任务。然后，以所分配的学习内容和任务为根据，各个小组的学生将教师所布置的学习内容和任务认真完成，这样课前的教学设计和备课活动就会得到每个小组学生的积极参与，从而使学生对学习任务的兴趣和好奇心得到激发。

这一阶段，教师要增加对学生的兴趣和已有的知识和技能的了解，针对学生学习内容的理解过程和教学设计的思考过程予以更多关注。师生之间通过恰当的学习策略和教学策略，使学习任务和目标更加明确，学生的好奇心和课内外学习的积极性得到激发。

（二）探索阶段

该阶段作为一个重要环节，主要致力于培养学生研究、分析和重组学习内容和任务，也促使学生学习兴趣和英语口语内容得到激发和培养。

该阶段有以下具体操作过程：以课程目标的要求以及教材内容和特点为根

据，学生先对所要学习的内容做到认真学习、分析、理解、掌握，然后由教师进行教学设计，编写教案，并使制作的教学课件与之相匹配。

该阶段教师将充足的时间和机会提供给学生，并让他们以各自的学习内容和任务为根据，通过小组合作的方式在小组内开展英语交流活动。其以让学生参与到教学设计、撰写教案以及制作课件等教学设计活动的过程中为目的，培养其学英语、用英语的能力，在重构英语知识结构和体系中运用他们已知的英语知识和新学的内容，使他们对英语知识与技能的理解、重构、运用的能力得到提升，从而使他们的英语口语能力得到培养。与此同时，小组成员在积极合作中，分享和交流教学理念、教学设计过程中的思考、问题、解决的办法、所完成的教案以及课件制作等方面。最后，当每个小组的这些课前任务和活动完成后，教师认真地指导和修正每个小组所完成的教学设计、教案及课件。在这个过程中使学生自主学习、自主探究、合作学习等能力得到培养，所学内容的结构与联系更加清晰，自己的知识体系也得到重构和融会贯通，从而促进学生的智力发展。

（三）解释阶段

该阶段作为核心环节有利于学生运用英语组织教学活动，是使学生英语口语能力得到培养的重要途径。

该阶段有以下具体操作：学生在教学中设计学习内容和任务，并帮助教师撰写教案以及制作课件，这些环节完成后，每个小组全体成员共同合作参与到正式的课堂教学中，用英语将他们所设计的课程展示出来，形成小组成员运用英语与全体同学进行交流的学习氛围。在交流过程中，教师适时地提供指导和帮助，解决学生在分享、交流过程中出现的问题，并点评学生呈现的教学设计和所主持的英语晚会，帮助学生在这个过程中形成正确、明晰的教学设计思路和方法，并以教师的点评和建议为根据，在课后对教学设计以及与之相应的课件做出认真修改。

学生在展示活动过程中以教学目标和内容为根据，进行各种合理的互动和小组合作，通过英语语言技能的灵活运用，达到激发学习积极性和训练英语口语能力的目的。

（四）迁移阶段

在学生英语口语能力的培养中，该阶段属于拓展环节。该阶段有以下具体做法：在完成全班学生的上课和展示后，教师组织学生到室外英语广场，以小组为单位，进一步讨论课堂教学中的所学内容或遗留的问题，将所学的知识体系完善。接着，帮助学生在其他方面应用学到和掌握的知识和技能，其目的是使学生更深层次地理解和应用所学知识与掌握的技能，从而实现学生英语口语能力的培养。

此阶段营造的学习环境要有利于学生互动和师生互动，让学生能够将彼此的想法分享在互动过程中，能够在教师的鼓励、帮助和指导下完成他们的学习任务，从而使自己所获得的知识和技能得到强化，英语口语能力得到提高。

（五）评价阶段

该阶段鼓励全体学生运用英语对自己的教学设计、组织教学等做出评价。当学生上完课，并且完成对教学设计的展示后，教师可以评价学生的英语口语能力，学生也可以对自己的英语口语能力以及知识与技能的迁移能力做出检验。

此阶段在学生学习的整个过程中始终存在，作为重要环节贯穿于"5E"教学模式的其余四个环节中，这种评价包括学生自评、互评和教师对学生的评价，是教师的教学活动和学生学习活动过程中的形成性评价。

在评价阶段，教师要鼓励学生反思整个过程，帮助学生养成正确的学习理念，对英语口语必备的知识与技能做到充分理解和掌握，从而使学生的英语口语能力不断提高。

参考文献

[1] 赵旭.基于慕课的大学英语混合式教学模式研究与实践 [J].黑龙江教师发展学院学报，2022，41（06）：136-138.

[2] 周咏志.大学英语教学中慕课资源的运用探讨 [J].海外英语，2022（08）：159-160.

[3] 张晓艳.试论大学英语词汇教学方法 [J].山西青年，2021（22）：154-155.

[4] 苏小燕.新时代大学英语教学跨文化能力培养 [J].外语教育与应用，2021（00）：74-81.

[5] 郭翀.STEM 教学模式在大学英语教学中的应用研究 [J].武汉商学院学报，2021，35（04）：94-96.

[6] 谢利君.人本主义理论下的大学英语教学改革研究 [J].英语广场，2021（20）：73-75.

[7] 周罗艳.人本主义理论背景下的大学英语分层教学思考 [J].海外英语，2021（11）：158-159.

[8] 陈金刚，毛陆原.慕课环境下混合式教学研究与实践 [J].黄河科技学院学报，2021，23（05）：90-93.

[9] 刘婧.信息时代大学英语教育教学理论基础探究 [J].山西财经大学学报，2021，43（S1）：112-114+128.

[10] 石慧.以 POA 理论为基础的大学英语读写课程线上教学创新途径研究 [J].校园英语，2020（49）：24-25.

[11] 杨弈.大学英语探究式教学方法分析 [J].科教导刊（下旬刊），2020（27）：76-77.

[12] 朱松华. 人本主义教育理念视角下大学英语教学改革的问题与对策 [J]. 创新创业理论研究与实践, 2020, 3 (18): 60-61+64.

[13] 陈明. 浅析传统大学英语教学方法的利弊与产出导向法在大学英语教改中的应用 [J]. 北极光, 2019 (06): 142-143.

[14] 赵延燕. 基于微课和慕课的大学英语混合式教学模式研究 [J]. 教育理论与实践, 2018, 38 (36): 59-60.

[15] 田苏, 高巍. 大学英语教学中中国文化缺失的现状分析与对策 [J]. 辽宁师范大学学报 (社会科学版), 2018, 41 (06): 124-130.

[16] 李汉琳. 大学英语教学方法中的情境英语教学法论述 [J]. 科技资讯, 2018, 16 (10): 211+215.

[17] 封育新. 大学英语课程教学要求探讨: 评《高校英语教学现状与改革方向》[J]. 教育发展研究, 2017, 37 (17): 87.

[18] 马亚伟, 廖芸. 试论 ESP 视角下大学英语教学改革与实践 [J]. 中国教育学刊, 2017 (S1): 110-112.

[19] 史影, 尹爱青. 从马克思到罗杰斯: 人本主义教学观探析 [J]. 外国问题研究, 2017 (02): 110-116+119.

[20] 赵丹丹. 微课在大学英语教学中的应用模式探索 [J]. 中国职业技术教育, 2016 (26): 85-88+96.

[21] 邓笛. 翻转课堂模式在大学英语教学中的应用研究述评 [J]. 外语界, 2016 (04): 89-96.

[22] 陈湘云. 大学英语口语教学现状及教学方法探析 [J]. 河北工程大学学报 (社会科学版), 2015, 32 (01): 109-110.

[23] 李小芹. 交际教学法在大学英语教学中的应用 [J]. 赤峰学院学报 (自然科学版), 2014, 30 (18): 221-222.

[24] 任杨, 杨丹. 大学英语教学跨文化交际能力培养的重点与方法 [J]. 教育探索, 2014 (05): 55-56.

[25] 颜丹平. 英语情感教学的设计策略 [J]. 读与写 (教育教学刊), 2014, 11 (03): 38+4.

［26］吴峰松.大学英语教学方法改革探索［J］.英语广场（学术研究），2013（05）：76-77.

［27］邬英英.人本主义教育思想对大学英语教学的启示［J］.吉林省教育学院学报（上旬），2012，28（05）：93-94.

［28］王守仁，王海啸.我国高校大学英语教学现状调查及大学英语教学改革与发展方向［J］.中国外语，2011，8（05）：4-11+17.

［29］孙卉.情感教学与人本主义教学观之比较［J］.陇东学院学报，2011，22（02）：99-101.

［30］乔梦铎，金晓玲，王立欣.大学英语教学现状调查分析与问题解决思路［J］.中国外语，2010，7（05）：8-14.